开心 즐겁다

카이신 중국어 회화 1

다락원

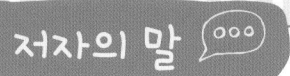

탄탄한 기본기를 다지기 위한 프로젝트!

-카이신호(號)와 함께 떠나는 중국어 일주~

여러 해 동안 책을 쓰다 보니 이제 이력이 날만도 한데, 한 권 한 권 마주할 때마다 신인배우처럼 설레고 겁이 납니다. 특히 첫걸음 책을 쓸 때는 다른 책을 쓸 때와는 또 다른 묵직한 책임감을 느끼게 되는데요, 아마도 그건 우리의 삶에서 '친구'가 중요하듯이, 학습자들에게 있어 '교재' 또한 '좋은 친구'만큼이나 중요한 것임을 알기 때문인 것 같습니다.

외국어를 배우는 학습자라면 모두 겪게 되는 왕초보 단계. 최대한 빨리 왕초보 수준을 벗어나고 싶은 마음은 누구나 마찬가지겠지만, 마음만 급하다고 빨리 벗어날 수 있는 것은 아니지요. 또 이 시기에 기본기를 탄탄하게 다져놓지 않으면 앞으로의 중국어 인생에 어둠의 그림자가 짙게 깔릴 것은 불을 보듯 뻔하고요. 그렇다 보니 어떻게 하면 '왕초보 시절'을 잘 보낼 수 있는 교재를 만들 수 있을까 고민을 많이 하게 됩니다.

『카이신 중국어 회화』 시리즈는 이왕 배우기 시작한 중국어를 '재미있고! 신나게! 즐겨보자'라는 뜻에서, 한 과 한 과를 놀이공원처럼 꾸며봤습니다. 본문 내용은 한 가족의 일상생활을 시트콤처럼 엮었고, 한 과를 다 배우고 나면 '나만의 복습 다이어리'라는 코너를 통해 중요한 내용을 확인하며 정리할 수 있도록 했지요. 여기에 피가 되고 살이 되는 학습 노하우를 담고, 따로 연습하기 힘든 필수 간체자를 써 볼 수 있는 코너까지 덤으로 마련했답니다.

네? 겨우 이것 가지고 특별한 책인 양 얘기하느냐고요? 차근차근 한 번 넘겨보세요. 곳곳에 여러분의 기본기를 팍팍 다져 줄 스펙터클한 놀 거리를 많이 숨겨두었으니까요.

외국어를 잘 한다는 것은 쉽지 않지만, 그렇다고 '나만 안 되는 일'도 아닙니다.

그러니 남들보다 조금 늦다고, 발음·성조가 맘대로 안 된다고 서둘러 포기하지 않으셨으면 합니다. 공부를 하다 보면 중간중간 포기하고 싶은 유혹이 있겠지만, 그 유혹을 과감히 뿌리치고 끝까지 노력한다면 여러분은 틀림없이 중국어 고수가 되어 '왕초보 시절'의 무용담을 얘기할 수 있을 것입니다.

그리고 어떤 일을 잘해내기 위해서는 목표가 필요하듯이 이 책을 펼친 여러분도 중국어를 배우려는 목표가 무엇인지 확실하게 설정하면 조금 더 빨리 중국어와 친해질 수 있을 것입니다. 하다못해 '부모님을 기쁘게 해드리려고!'라는 막연한 목표라도 세우면, 목표가 없는 것보다 훨씬 나으니 여러분의 목표가 무엇인지 한번 생각해 보세요. 그 다음에는 "난 꼭 해낼 수 있어!"하고 여러분 자신을 믿어보세요.

여러분은 이제 곧 카이신호(號)와 중국어 일주를 떠날 텐데요.

이번 중국어 일주를 통해 중국어를 만나 이해하고, 또 그러다 중간에 한두 번쯤 티격태격하기도 하면서 많은 추억을 안고 돌아온 후에는 여러분의 중국어 기본기가 난공불락의 요새처럼 탄탄하게 다져져 있기를 희망해 봅니다.

사람들은 보통 상상을 초월하는 거창한 일이 일어났을 때 기적이란 말을 쓰지만, 필자가 보기에는 중국어의 'ㅈ'자도 모르던 왕초보 학습자가 어느 날 중국어로 말할 때, 그것이 더 멋진 기적이라고 느껴집니다.

비록 책을 통해서지만 학습자 여러분과 중국어 이야기를 나누고 공감할 수 있음에 감사 드립니다. 여러분이 매일 조금씩 만들어가는 '중국어 기적', 계속 기대해도 되겠지요?

끝으로, 교정에 도움을 주신 张全用 선생님께 감사의 마음을 전합니다.

고맙습니다.

한민이

이 책의 활용

01과는 성모와 운모, 02과는 성조를 자세하게 다루고 있습니다. 중국어를 처음 접하는 학습자들이 중국어의 발음을 쉽게 이해하고, 기본기를 다질 수 있도록 했습니다.

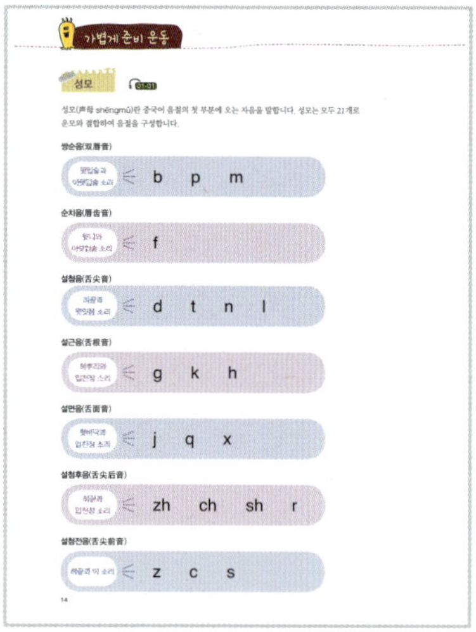

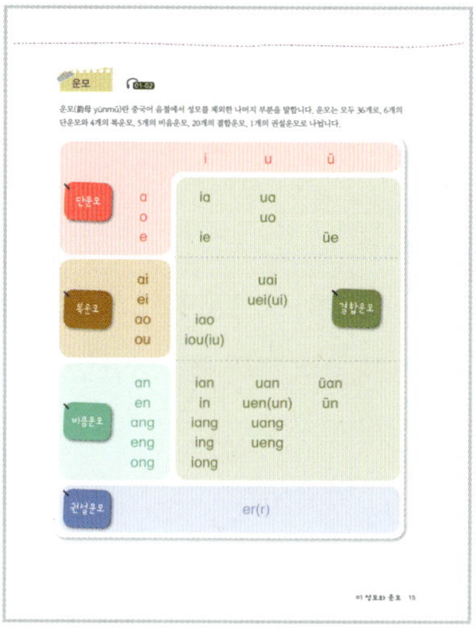

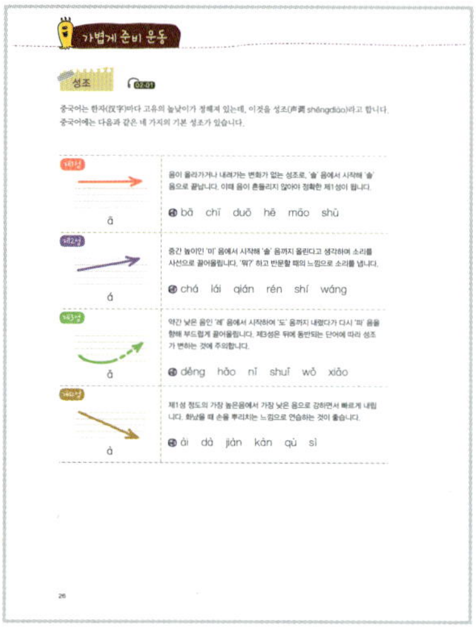

03~05과, 07~11과는 다음과 같이 구성되어 있습니다.

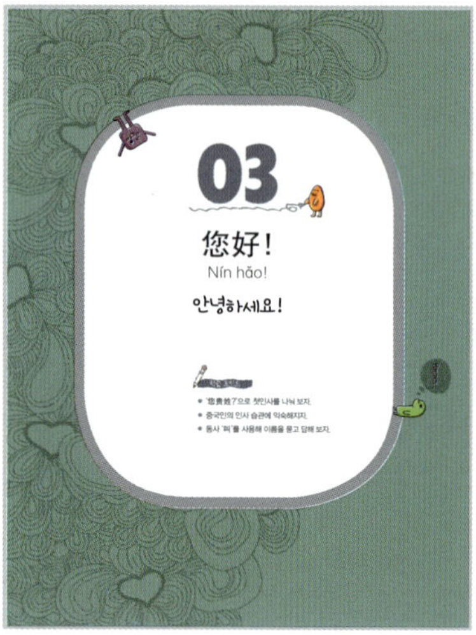

✱ 학습 포인트

각 과에서 배울 내용이 무엇인지 일목요연하게 정리되어 있어요. 이번 과의 학습 내용을 확인해 보세요.

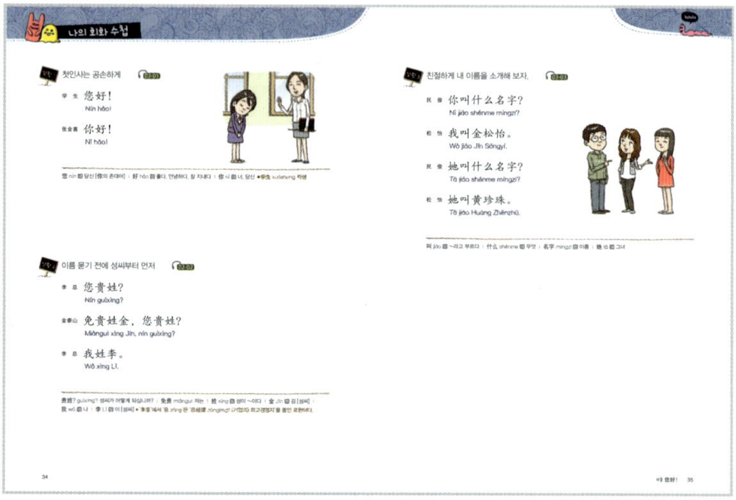

✱ 나의 회화 수첩

세 가지 상황으로 나누어진 회화문을 통해 자연스러운 중국어 표현을 학습할 수 있습니다. 회화 표현에 나오는 새 단어도 바로바로 확인해 보세요.

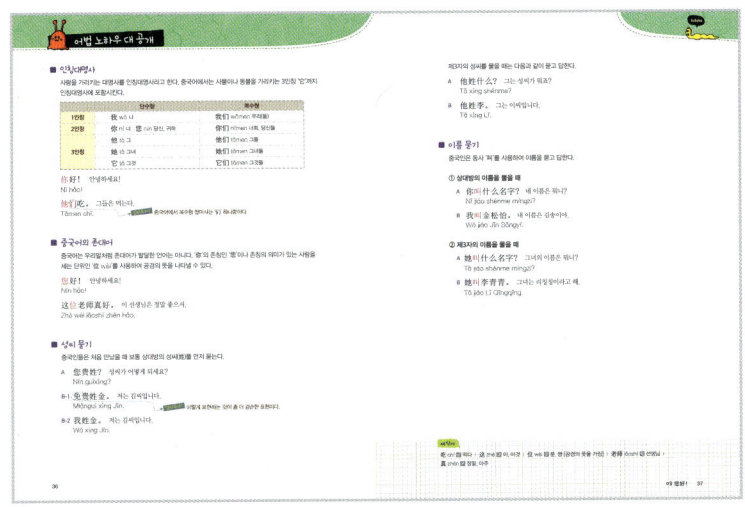

✹ 어법 노하우 대 공개

본문 회화 표현에 나온 핵심 어법을 쉬운 설명과 다양한 예문으로 정리할 수 있어요.

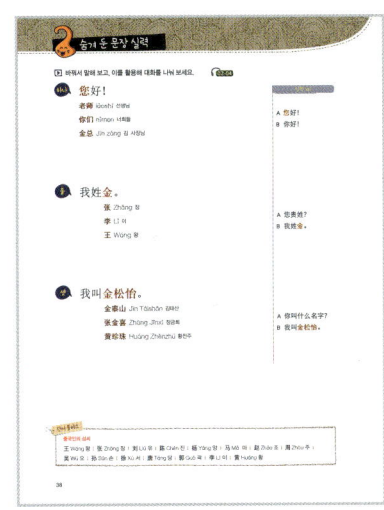

✹ 숨겨 둔 문장 실력

교체 연습을 통해 본문에서 배운 표현을 확장할 수 있습니다.

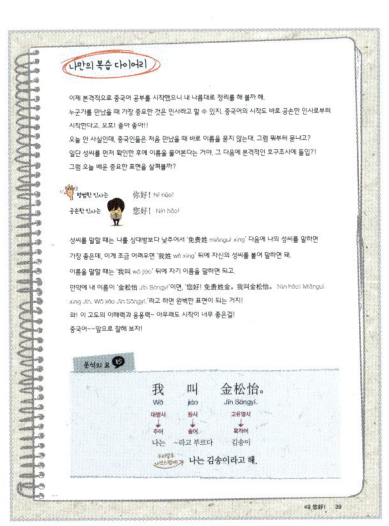

✹ 나만의 복습 다이어리

학습한 내용을 일기 형식으로 정리해 볼 수 있습니다.

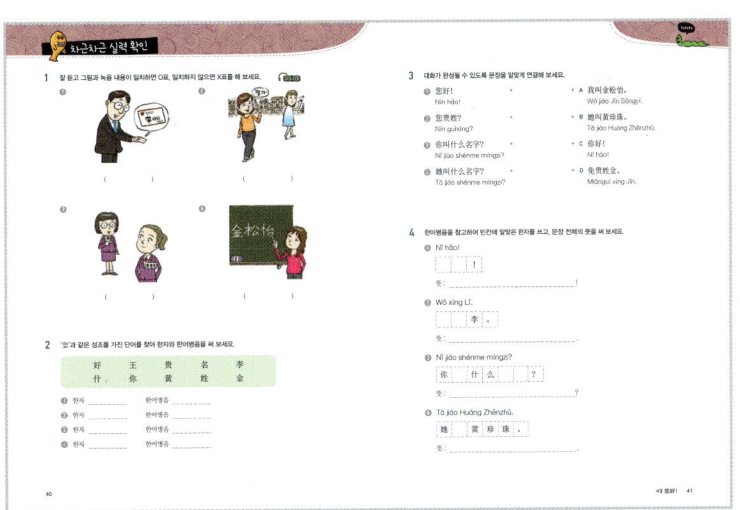

✹ 차근차근 실력 확인

학습한 내용을 바탕으로 한 연습문제를 통해 부족한 부분을 점검하며 실력을 다져 보세요.

5

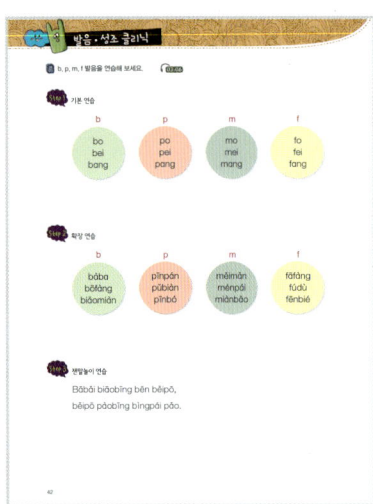

✱ 발음·성조 클리닉
원어민의 정확한 발음을 따라 해 보며
발음의 기본기를 다져 보세요.

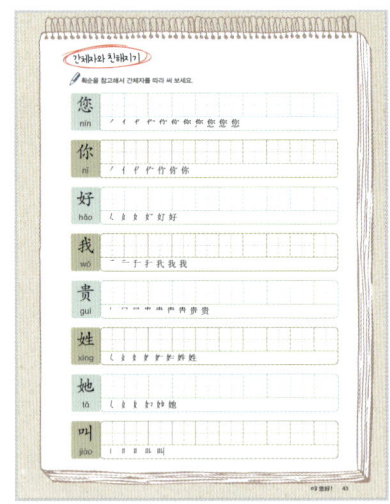

✱ 간체자와 친해지기
획순을 참고해서 간체자를 연습해 보세요.

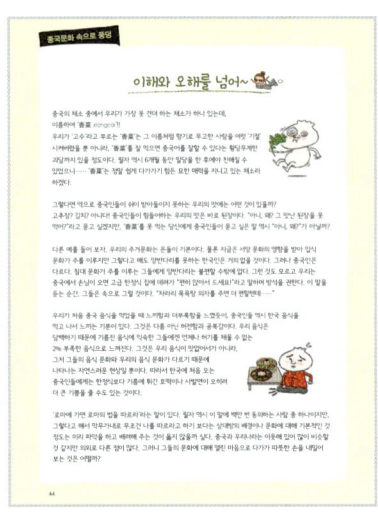

✱ 중국문화 속으로 풍덩
다양한 주제의 중국문화와 관련된 글을 통해
중국을 좀 더 이해할 수 있어요.

06과와 12과는 복습과입니다. 06과는 01~05과의 내용을, 12과는 07~11과의 내용을 복습할 수 있습니다.

MP3 다운로드
- MP3 음원은 다락원 홈페이지(www.darakwon.co.kr)에서 무료로 다운로드 받으실 수 있습니다.
- 스마트폰으로 QR코드를 스캔하면 MP3 다운로드 및 실시간 재생 가능한 페이지로 바로 연결됩니다.

일러두기

이 책의 표기 규칙

1 이 책에 나오는 중국의 지명이나 건물, 기관, 관광명소의 명칭 등은 중국어 발음을 한국어로 표기하는 것을 원칙으로 하였습니다. 단, 우리에게 한자발음으로 잘 알려진 것에 한하여 한자발음으로 표기합니다.

예) 北京 베이징　　长城 만리장성

2 인명은 각 나라에서 실제 사용하는 발음으로 표기하였습니다.

예) 张金喜 장금희　　青青 칭칭

품사약어표

품사명	약어	품사명	약어	품사명	약어
명사	명	고유명사	고유	형용사	형
동사	동	조사	조	감탄사	감
수사	수	대명사	대	접속사	접
부사	부	수량사	수량	조동사	조동
양사	양	개사	개	성어	성

이 책의 등장인물

金泰山 김태산
Jīn Tàishān
아빠 (무역회사 운영)

张金喜 장금희
Zhāng Jīnxǐ
엄마 (선생님)

金松怡 김송이
Jīn Sōngyí
김태산과 장금희의 딸 (대학생)

金乐天 김낙천
Jīn Lètiān
김태산과 장금희의 아들 (고등학생)

许民俊 허민준
Xǔ Mínjùn
송이의 대학 친구

黄珍珠 황전주
Huáng Zhēnzhū
송이의 중국인 친구

李青青 리칭칭
Lǐ Qīngqing
낙천이의 중국인 친구

차례

저자의 말 / 2

이 책의 활용 / 4

일러두기 / 7

차례 / 8

출발! 중국어 여행 / 9

01	성모와 운모	13
02	성조	25
03	您好! 안녕하세요! Nín hǎo!	33
04	我是韩国人。 저는 한국인이에요. Wǒ shì Hánguó rén.	45
05	这是手机。 이것은 휴대전화야. Zhè shì shǒujī.	57
06	复习 fùxí 복습	69
07	我有自行车。 나는 자전거가 있어. Wǒ yǒu zìxíngchē.	77
08	我家有四口人。 우리 집은 네 식구야. Wǒ jiā yǒu sì kǒu rén.	89
09	我姐姐很漂亮。 우리 누나는 예뻐. Wǒ jiějie hěn piàoliang.	101
10	爸爸去出差。 아빠는 출장 가셔. Bàba qù chūchāi.	113
11	今天星期六。 오늘은 토요일이에요. Jīntiān xīngqīliù.	125
12	复习 fùxí 복습	137

부록 / 145

✦ 본문 해석

✦ 정답 및 녹음 대본

✦ 발음·성조 클리닉 step 3 잰말놀이 한자

✦ 단어 색인

✦ 한어병음 자모 배합표

출발! 중국어 여행

보통화 (普通话 Pǔtōnghuà)

현재 중국에서 사용되고 있는 표준어로, 중국 대륙, 홍콩, 마카오, 대만과 해외 화교들 사이에 통용되고 있는 언어를 말해요. 베이징 어음(北京語音)을 표준음으로 하고 있답니다.

간체자 (简体字 jiǎntǐzì)

중국에서 쓰는 한자(汉字 Hànzì)는 간체자라고 부릅니다. 간체자는 1949년 중화인민공화국 수립 이후 중국공산당의 주도로 만들어진 간략화한 한자를 말해요. 간화자(简化字 jiǎnhuàzì)라 부르기도 한답니다. 현재 중국에서 쓰고 있는 간체자는 1964년에 발표한 후 수정을 거쳐 1986년에 최종적으로 발표한 《간화자총표》를 그 기준으로 삼고 있어요. 간체자와 상대적인 개념으로 원래 중국에서 사용하고 있던 한자를 번체자(繁体字 fántǐzì) 또는 정체자(正体字 zhèngtǐzì)라고 부릅니다.

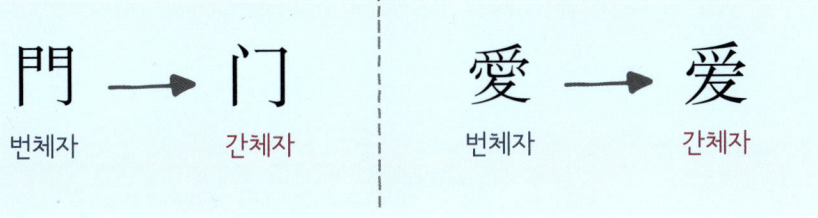

중국어의 음절 구성과 한어병음 표기

우리말과 중국어는 어떻게 다를까요?

우리말과 중국어의 가장 큰 차이는
우리말은 **목적**을 중시하는 언어이고,
중국어는 과정을 중시하는 언어라는 것입니다.

우리말

나는 친구 만나러 강남에 간다.

↳ 어떤 동작을 하는 목적에 우선순위를 둡니다. 물론 '나는 강남에 친구를 만나러 간다.'라고 말할 수도 있어요.

중국어

我去江南见朋友。
Wǒ qù Jiāngnán jiàn péngyou.

↳ 일이 일어나는 순서대로 말합니다. 아무리 급해도 강남에 가지 않으면 친구를 만날 수 없겠죠? 따라서 '가다'라 뜻의 동사 '去'가 먼저 나오고, 그 다음에 '만나다'라는 뜻의 동사 '见'이 나옵니다.

자세히 분석해 볼까요?

我	去	江南	见	朋友。
Wǒ	qù	Jiāngnán	jiàn	péngyou.
나는	가다	강남	만나다	친구

✱ 위의 문장을 우리말 어순에 따라 '我见朋友去江南。Wǒ jiàn péngyou qù Jiāngnán.' 이라고 할 수 없습니다.

품사

품사란 한 단어가 가지고 있는 성질을 말합니다.

명사 名词 míngcí	사람이나 사물의 이름, 시간이나 공간, 또는 방위의 개념 등을 나타내는 품사입니다. 例 中国 Zhōngguó 중국 ǀ 学校 xuéxiào 학교
대명사 代词 dàicí	문장에서 명사를 대신하여 쓰이는 품사를 말합니다. 例 我 wǒ 나 ǀ 这 zhè 이, 이것 ǀ 谁 shéi 누구
형용사 形容词 xíngróngcí	사람 또는 사물의 성질이나 모습, 동작이나 행위의 상태를 설명하는 품사입니다. 例 漂亮 piàoliang 예쁘다 ǀ 热 rè 덥다 ǀ 高 gāo 높다
조동사 助动词 zhùdòngcí	동사 앞에 놓여 동사에 가능이나 희망, 필요 등의 의미를 더해 주는 역할을 하는 품사입니다. 例 会 huì ~할 수 있다 ǀ 可以 kěyǐ ~해도 된다
동사 动词 dòngcí	사람 또는 사물의 동작이나 상태를 나타내는 품사를 말합니다. 例 笑 xiào 웃다 ǀ 结婚 jiéhūn 결혼하다 ǀ 等 děng 기다리다
수사 数词 shùcí	사물의 수량이나 순서를 나타내는 품사를 말합니다. 例 一 yī 1, 하나 ǀ 第一 dìyī 첫 번째
양사 量词 liàngcí	명사의 수량이나 동작의 횟수를 나타내는 품사입니다. 例 个 gè 개, 명 ǀ 次 cì 번, 회 ǀ 双 shuāng 쌍, 켤레
부사 副词 fùcí	동사나 형용사 앞에서 시간, 정도, 빈도, 범위, 상태 등을 설명하는 품사입니다. 例 非常 fēicháng 아주 ǀ 都 dōu 모두 ǀ 不 bù ~가 아니다 ǀ 已经 yǐjing 이미 ǀ 又 yòu 또
개사 介词 jiècí	명사, 대명사 앞에 쓰여 시간, 장소, 대상, 원인 등을 나타냅니다. 例 在 zài ~에서 ǀ 给 gěi ~에게
접속사 连词 liáncí	단어와 단어, 구와 구, 절과 절을 연결해 주는 품사를 말합니다. 例 因为 yīnwèi 왜냐하면 ǀ 虽然 suīrán 비록 ~일지라도 ǀ 那么 nàme 그러면, 그렇다면
조사 助词 zhùcí	어법 성분을 만들거나 어감을 표현하고 동작이 어떤 상태에 처해있는지 나타내는 품사입니다. 例 吧 ba ~하자, ~해라 ǀ 的 de ~의, ~한 것
감탄사 叹词 tàncí	기쁨, 놀람, 슬픔, 분노 등의 감정을 나타내는 품사를 말합니다. 例 哎呀 āiya 아이고 [놀람, 유감] ǀ 嗯 ng 응 [수긍, 대답]
의성사 象声词 xiàngshēngcí	소리를 표현하는 품사를 말합니다. 例 哈哈 hāhā 하하 ǀ 哗哗 huāhuā 졸졸

문장성분

품사를 영화에 출현하는 각각의 배우에 비유한다면, 문장성분은 각각의 배우가 '문장'이라는 영화에서 맡은 배역이라고 할 수 있습니다.

주어 主语 zhǔyǔ	문장에서 동작의 주체가 되는 가장 중요한 말입니다. 예) 我去学校。 Wǒ qù xuéxiào. 나는 학교에 간다.
술어 谓语 wèiyǔ	주어의 상태를 묘사하거나 동작을 설명하는 말로, 주로 동사나 형용사가 그 역할을 합니다. 예) 我是中国人。 Wǒ shì Zhōngguó rén. 나는 중국인이다.
목적어 宾语 bīnyǔ	동사의 목적이나 지배대상, 장소 등이 되는 문장성분입니다. 예) 我买苹果。 Wǒ mǎi píngguǒ. 나는 사과를 살 거야.
관형어 定语 dìngyǔ	주어와 목적어를 꾸며 주는 말입니다. 예) 两个面包 liǎng ge miànbāo 빵 두 개 ǀ 我弟弟 wǒ dìdi 내 동생
부사어 状语 zhuàngyǔ	술어를 꾸며 주는 말입니다. 예) 我常常看电影。 Wǒ chángcháng kàn diànyǐng. 나는 자주 영화를 봐.
보어 补语 bǔyǔ	술어를 보충 설명하는 말입니다. 예) 他回去了。 Tā huíqù le. 그는 되돌아갔다.

01
성모와 운모

Zhongguo

성모

성모(声母 shēngmǔ)란 중국어 음절의 첫 부분에 오는 자음을 말합니다. 성모는 모두 21개로 운모와 결합하여 음절을 구성합니다.

쌍순음(双唇音)

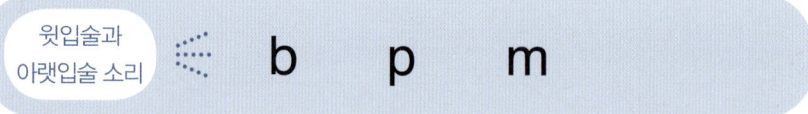

윗입술과 아랫입술 소리 — b p m

순치음(唇齿音)

윗니와 아랫입술 소리 — f

설첨음(舌尖音)

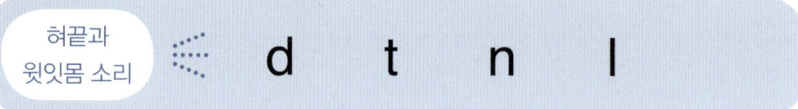

혀끝과 윗잇몸 소리 — d t n l

설근음(舌根音)

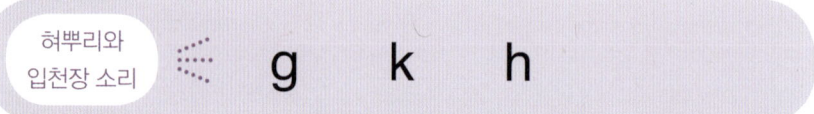

혀뿌리와 입천장 소리 — g k h

설면음(舌面音)

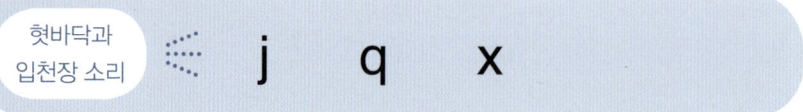

혓바닥과 입천장 소리 — j q x

설첨후음(舌尖后音)

혀끝과 입천장 소리 — zh ch sh r

설첨전음(舌尖前音)

혀끝과 이 소리 — z c s

운모

운모(韻母 yùnmǔ)란 중국어 음절에서 성모를 제외한 나머지 부분을 말합니다. 운모는 모두 36개로, 6개의 단운모와 4개의 복운모, 5개의 비음운모, 20개의 결합운모, 1개의 권설운모로 나뉩니다.

		i	u	ü
단운모	a o e	ia ie	ua uo 	 üe
복운모	ai ei ao ou	 iao iou(iu)	uai uei(ui) 	
비음운모	an en ang eng ong	ian in iang ing iong	uan uen(un) uang ueng 	üan ün
권설운모		er(r)		

성모와 운모를 내 것으로

성모와 운모의 결합

● 성모 b p m f

쌍순음 윗입술과 아랫입술을 붙였다 떼면서 내는 소리입니다. 뒤에 모음 'o'를 붙여 연습해요.

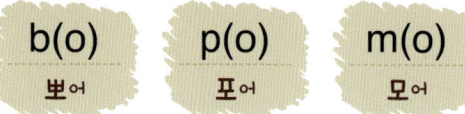

b(o) 뽀어   p(o) 포어   m(o) 모어

순치음 영어의 'f'처럼 윗니를 아랫입술에 살짝 대었다 뗍니다.

f(o) 포어

● 단운모

a 아   o 오어   e 으어   i 이   u 우   ü 위

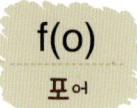

'i'는 결합하는 성모에 따라 '이'로 발음하거나 '으'로 발음합니다.

연습 🎧 01-03

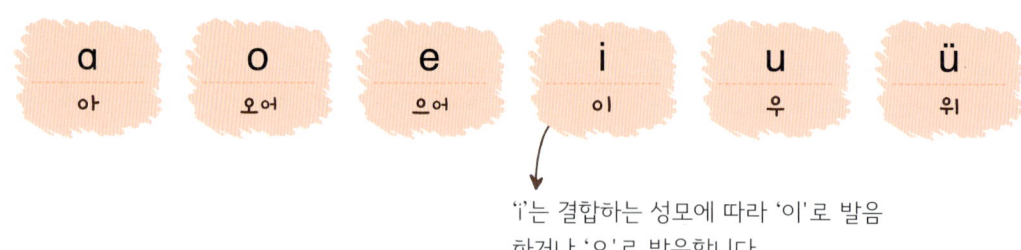

	a	o	e	i	u	ü
b	ba	bo		bi	bu	
p	pa	po		pi	pu	
m	ma	mo	me	mi	mu	
f	fa	fo			fu	

● 성모 d t n l g k h

설첨음 혀끝으로 윗잇몸을 쓸어 내리듯이 발음합니다. 뒤에 모음 'e'를 붙여 연습해요.

d(e)	t(e)	n(e)	l(e)
뜨어	트어	느어	르어

설근음 쉰 목소리를 낼 때처럼 목에서 끌어올리듯이 발음합니다. 뒤에 모음 'e'를 붙여 연습해요.

g(e)	k(e)	h(e)
끄어	크어	흐어

● 복운모

ai	ei	ao	ou
아이	에이	아오	어우

● 비음운모

an	en	ang	eng	ong
안	으언	앙	엉	옹

연습 🎧 01-04

	ai	ei	ao	ou	an	en	ang	eng	ong
d	dai	dei	dao	dou	dan	den	dang	deng	dong
t	tai	tei	tao	tou	tan		tang	teng	tong
n	nai	nei	nao	nou	nan	nen	nang	neng	nong
l	lai	lei	lao	lou	lan		lang	leng	long
g	gai	gei	gao	gou	gan	gen	gang	geng	gong
k	kai	kei	kao	kou	kan	ken	kang	keng	kong
h	hai	hei	hao	hou	han	hen	hang	heng	hong

- 성모 j q x

    설면음 혀를 아랫니 뒤쪽에 붙였다 떼면서 발음합니다.

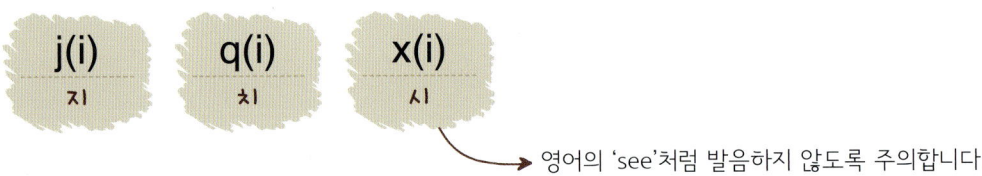

    영어의 'see'처럼 발음하지 않도록 주의합니다.

- 'i'와 결합한 운모

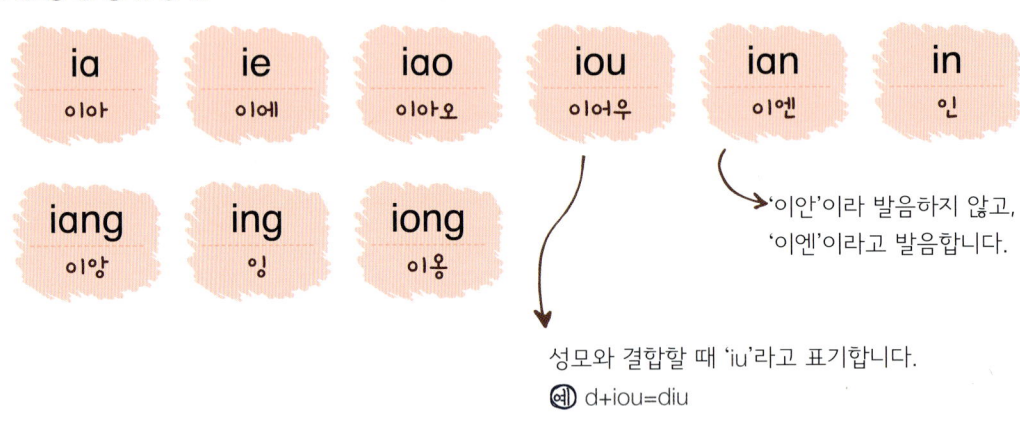

    '이안'이라 발음하지 않고, '이엔'이라고 발음합니다.

    성모와 결합할 때 'iu'라고 표기합니다.
    예) d+iou=diu

연습 01-05

	ia	ie	iao	iou(iu)	ian	in	iang	ing	iong
j	jia	jie	jiao	jiu	jian	jin	jiang	jing	jiong
q	qia	qie	qiao	qiu	qian	qin	qiang	qing	qiong
x	xia	xie	xiao	xiu	xian	xin	xiang	xing	xiong

● 성모 zh ch sh r

설첨후음 혀끝을 살짝 들어 올려서 입천장 안쪽에서 나는 소리입니다.

zh(i)	ch(i)	sh(i)	r(i)
즈	츠	스	르

● 'u'와 결합한 운모

	ua	uo	uai	uei(ui)	uan	uen(un)	uang
zh	zhua	zhuo	zhuai	zhui	zhuan	zhun	zhuang
ch	chua	chuo	chuai	chui	chuan	chun	chuang
sh	shua	shuo	shuai	shui	shuan	shun	shuang
r	rua	ruo		rui	ruan	run	

연습 01-06

- 성모 z c s

설첨전음 혀끝을 윗니와 아랫니가 맞물리는 부분에 두고 바람을 밀어내듯이 발음합니다.
이때 입은 최대한 옆으로 벌립니다.

z(i)	c(i)	s(i)
쯔	츠	쓰

- 'ü'와 결합한 운모

이 발음과 결합할 수 있는 성모는 'n, l, j, q, x' 뿐입니다.

üe	üan	ün
위에	위엔	윈

- 권설운모

er
얼

연습 01-07

	üe	üan	ün
j	jue	juan	jun
q	que	quan	qun
x	xue	xuan	xun

01-08

	i	ai	ao	ou	ong	u	uei(ui)	uan	uen(un)
z	zi	zai	zao	zou	zong	zu	zui	zuan	zun
c	ci	cai	cao	cou	cong	cu	cui	cuan	cun
s	si	sai	sao	sou	song	su	sui	suan	sun

운모의 특수한 변화

1 운모 'uei', 'iou', 'uen'은 성모와 결합할 때 각각 'ui', 'iu', 'un'으로 표기합니다.

　　d + uei → dui　　　　sh + uei → shui
　　j + iou → jiu　　　　 x + iou → xiu
　　t + uen → tun　　　　ch + uen → chun

2 'i'가 단독으로 쓰일 때는 'yi'로, 성모 없이 운모 'i'로 음절이 시작할 때는 'i'를 'y'로 바꾸어 표기합니다.

i	ia	ie	iao	iou	ian	in	iang	ing	iong
yi	ya	ye	yao	you	yan	yin	yang	ying	yong

3 'u'가 단독으로 쓰일 때는 'wu'로, 성모 없이 운모 'u'로 음절이 시작할 때는 'u'를 'w'로 바꾸어 표기합니다.

u	ua	uo	uai	uei	uan	uen	uang	ueng
wu	wa	wo	wai	wei	wan	wen	wang	weng

4 'ü'가 단독으로 쓰이거나 성모 없이 운모 'ü'로 음절이 시작할 때는 'ü'를 'yu'로 바꾸어 표기합니다.

ü	üe	üan	ün
yu	yue	yuan	yun

5 'ü'로 시작하는 운모는 성모 'n, l, j, q, x'와만 결합합니다. 'j, q, x'와 결합할 때는 'ü'를 'u'로 표기하는 것에 주의해야 합니다. 이때 발음은 변하지 않습니다.

　　j + ü → ju　　　　q + üan → quan

실력 테스트

1 잘 듣고 녹음과 일치하는 발음에 ○표를 해 보세요. 🎧 01-09

① zhi   chi   ② ze   se   ③ ju   qu

④ ge   ke   ⑤ zan   zhan   ⑥ sai   shai

⑦ ce   che   ⑧ bao   pao   ⑨ cuo   zuo

2 잘 듣고 녹음과 일치하는 발음에 ○표를 해 보세요. 🎧 01-10

① ji   ju   ② xi   xu   ③ qian quan

④ zou   zuo   ⑤ seng song   ⑥ cai   cao

⑦ kuan   kun   ⑧ bei   bie   ⑨ guai gui

3 잘 듣고 녹음과 일치하는 성모를 빈칸에 써 보세요. 🎧 01-11

① _____uo   ② _____ui   ③ _____u   ④ _____i

⑤ _____ong   ⑥ _____eng   ⑦ _____ing   ⑧ _____en

⑨ _____a   ⑩ _____e   ⑪ _____ian   ⑫ _____a

4 잘 듣고 녹음과 일치하는 운모를 빈칸에 써 보세요. 🎧 01-12

① d_____   ② t_____   ③ x_____   ④ g_____

⑤ z_____   ⑥ n_____   ⑦ m_____   ⑧ b_____

⑨ z_____   ⑩ h_____   ⑪ k_____   ⑫ m_____

5 잘 듣고 녹음과 일치하는 운모를 빈칸에 써 보세요. 🎧 01-13

① d_____an   ② l_____e   ③ q_____   ④ n_____

⑤ x_____n   ⑥ q_____n   ⑦ x_____e   ⑧ y_____

⑨ n_____e   ⑩ sh_____n   ⑪ y_____e   ⑫ l_____

6 잘 듣고 'y'나 'w' 중에서 녹음과 일치하는 운모를 빈칸에 써 보세요. 🎧 01-14

① _____uan   ② _____an   ③ _____en   ④ _____u

⑤ _____un   ⑥ _____a   ⑦ _____ue   ⑧ _____u

⑨ _____i   ⑩ _____ei   ⑪ _____ang   ⑫ _____o

7 잘 듣고 녹음과 일치하는 한어병음을 빈칸에 써 보세요. 🎧 01-15

① t_____   ② d_____   ③ z_____   ④ q_____

⑤ ch_____   ⑥ l_____   ⑦ k_____   ⑧ h_____

⑨ g_____   ⑩ zh_____   ⑪ j_____   ⑫ x_____

8 잘 듣고 녹음과 일치하는 한어병음을 빈칸에 써 보세요. 🎧 01-16

① _____   ② _____   ③ _____

④ _____   ⑤ _____   ⑥ _____

⑦ _____   ⑧ _____   ⑨ _____

중국문화 속으로 풍덩

중국어의 길에서 중국을 만나다

첫 수업 시간.
학생들의 눈빛이 밤하늘의 별보다 더 반짝거린다.
우리 학생들의 중국어를 배우고자 하는 의욕이 대단한 것 같다.
"반가워요. 앞으로 열심히 해 봅시다!!" 하고 인사를 마치고는
늘 하던 대로 질문을 던진다.
중국의 인구는 얼마나 될까요? — 13억이요!
중국의 면적은요? — 960만 제곱킬로미터요.
그럼 중국에는 모두 몇 개의 민족이 있다? — 56개의 민족이요.
그중에서 가장 많은 수를 차지하는 민족은? — 한족(汉族)이요!
그야말로 "아!"하기 무섭게 "어!"하고 막힘없이 대답하는 친구들이다.
정보화 시대를 살고 있는 젊은이들답게 중국에 대한 기본 지식도 정말 풍부하다.

이제 좀 더 깊이 있는 질문으로 넘어가 볼까?
여러분! 중국은 자본주의인가요? — 아뇨, 사회주의요! 아닌가? 공산주의인가?
그럼 중국의 정식 명칭은 무엇일까요? — 뭐였더라??
하나 더, 중국은 언제부터 사회주의 국가가 된 걸까요? — 언제지? 우리나라가 독립운동할 때부터인가?
처음엔 정말 좋았는데 우리 학생들 뒷심이 좀 밀리는 것 같다. 그래도 첫 시간에 이 정도 대답하면 정말 훌륭하다고 할 수 있겠다.

그렇다면 중국이 사회주의 국가가 된 날은 언제일까?

바로 1949년 10월 1일이다. 마오쩌둥(毛泽东)을 필두로 한 중국 혁명 1세대들이 주축이 되어 중화인민공화국(中华人民共和国 Zhōnghuá Rénmín Gònghéguó)을 수립하였고, 그로부터 60년이 더 지난 현재까지 중국은 사회주의 초급단계에 있다고 할 수 있다.

중국어를 배우는 데 굳이 이런 것까지 알아야 하는지 의문을 품는 학생이 있을지 모르겠다. 그러나 우리가 외국어를 배우는 것은 겉으로 보면 말만 배우는 것 같아도, 사실은 그 말에 담긴 한 나라의 역사, 문화, 사회적 배경까지도 모두 배우는 것이기에, 중국에 대해 이해하고 있으면 중국어도 훨씬 빨리, 그리고 제대로 배울 수 있다는 말씀!

아하! 이제 중국에 관한 것이라면 뭐든 그냥 넘기면 안 되겠죠?

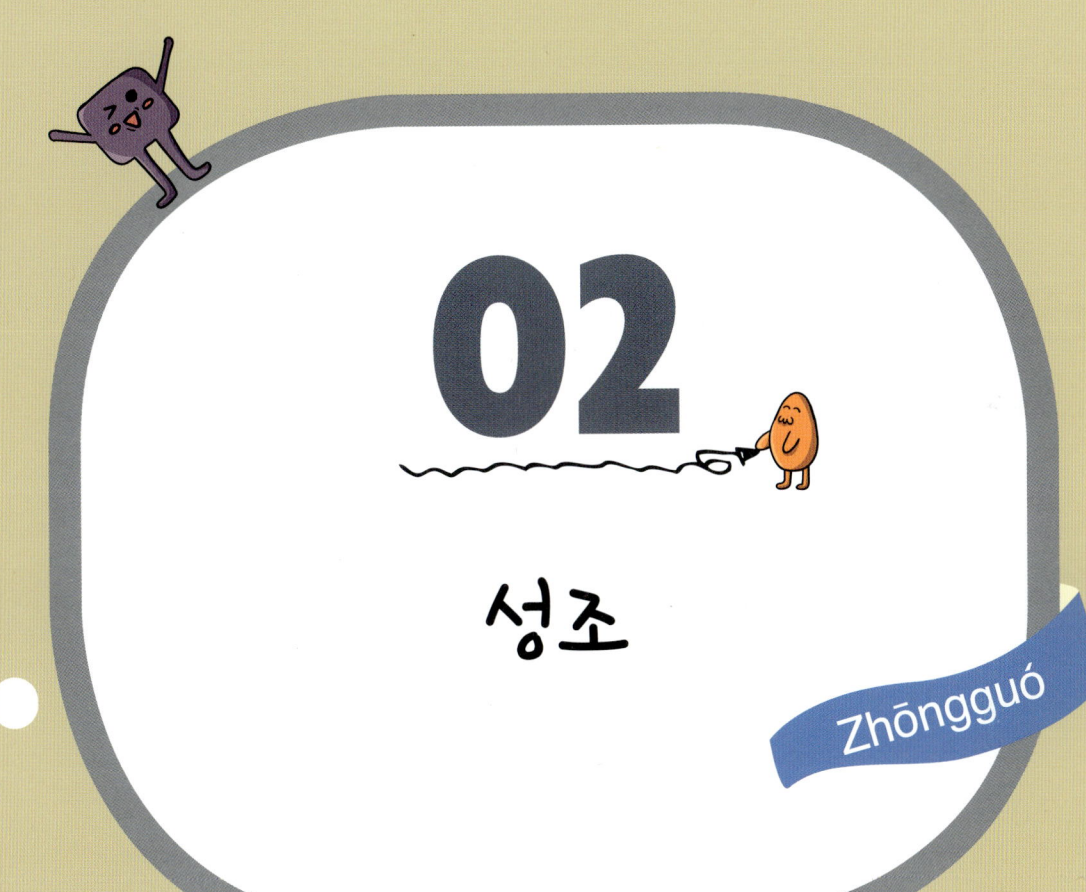

02
성조

Zhōngguó

가볍게 준비 운동

성조

성조(声调 shēngdiào)란 중국어 음절에서 음의 높낮이를 말합니다. 중국어에는 다음과 같은 네 가지의 기본 성조가 있습니다.

제1성 ā	음이 올라가거나 내려가는 변화가 없는 성조로, '솔' 음에서 시작해 '솔' 음으로 끝납니다. 이때 음이 흔들리지 않아야 정확한 제1성이 됩니다. 예) bā chī duō hē māo shū
제2성 á	중간 높이인 '미' 음에서 시작해 '솔' 음까지 올린다고 생각하며 소리를 사선으로 끌어올립니다. '뭐?' 하고 반문할 때의 느낌으로 소리를 냅니다. 예) chá lái qián rén shí wáng
제3성 ǎ	약간 낮은 음인 '레' 음에서 시작하여 '도' 음까지 내렸다가 다시 '파' 음을 향해 부드럽게 끌어올립니다. 제3성은 뒤에 동반되는 단어에 따라 성조가 변하는 것에 주의합니다. 예) děng hǎo nǐ shuǐ wǒ xiǎo
제4성 à	제1성 정도의 가장 높은음에서 가장 낮은 음으로 강하면서 빠르게 내립니다. 화났을 때 손을 뿌리치는 느낌으로 연습하는 것이 좋습니다. 예) ài dà jiàn kàn qù sì

경성

경성(轻声 qīngshēng)은 하나의 음절이 본래의 성조를 잃고, 짧고 가볍게 발음하는 것을 말합니다. 경성은 따로 성조를 표기하지 않고, 앞 음절의 성조에 영향을 받아 그 높이가 정해집니다.

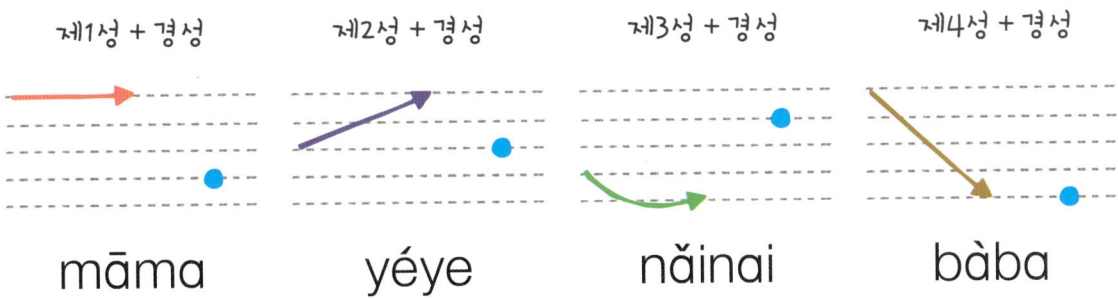

성조의 표기

성조는 주요 모음인 'a, o, e, i, u, ü' 위에만 표기합니다. 운모가 두 개 이상 나열될 경우에는 다음과 같은 순서로 표기합니다.

1. a
2. o e
3. i u ü

예) zhǎo, zǒu, shéi

운모 'i'와 'u'가 같이 있을 때는 뒤에 있는 운모 위에 성조를 표기합니다.

예) duì, jiǔ

제3성의 변화 🎧 02-03

제3성 뒤에 제3성이 나오면 앞에 나오는 제3성을 제2성으로 발음합니다.

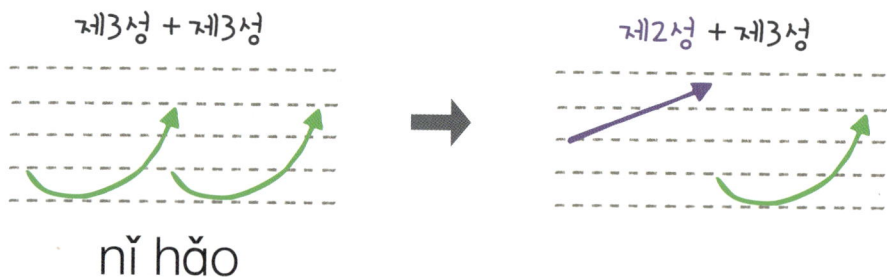

제3성 뒤에 제1성, 제2성, 제4성, 경성이 오면 제3성은 반3성으로 변화합니다. 반3성이란 제3성에서 낮게 떨어지는 부분까지만 발음하는 것을 말합니다.

> 제3성+제1성 gěi tā
> 제3성+제2성 hěn nán
> 제3성+제4성 hǎokàn
> 제3성+경성 hǎo de

제3성이 여러 개 나오면, 말의 흐름에 따라 유연하게 성조를 변화시켜 읽어 줍니다. 하지만 표기의 변화는 없습니다.

> Wǒ hěn xiǎng nǐ.
> Wǒ xiǎng mǎi diǎnr chī de.

성조의 연결 연습 🎧 02-04

실력 테스트

1 잘 듣고 녹음과 일치하는 발음에 ○표를 해 보세요. 🎧 02-05

① qù   qǔ   ② xiū   xiù   ③ guì   guǐ

④ jì   jǐ   ⑤ chí   chī   ⑥ zǒu   zòu

⑦ péng   pèng   ⑧ zhàn   zhān   ⑨ yán   yǎn

2 잘 듣고 녹음과 일치하는 발음에 ○표를 해 보세요. 🎧 02-06

① jiàn   jiǎn   jiān   ② cōng   cóng   cǒng

③ xuē   xué   xuě   ④ yuān   yuàn   yuǎn

⑤ mén   men   mèn   ⑥ gāo   gǎo   gào

⑦ shāi   shài   shái   ⑧ shāo   shǎo   shào

3 잘 듣고 녹음과 일치하도록 성조를 표기해 보세요. 🎧 02-07

① Hanyu   ② xuexiao   ③ laoshi

④ gongsi   ⑤ daxue   ⑥ gege

⑦ jiejie   ⑧ pijiu   ⑨ qianbao

⑩ jiehun   ⑪ kele   ⑫ tongshi

⑬ youju   ⑭ mianbao   ⑮ baozhi

4 잘 듣고 녹음과 일치하는 발음에 ○표를 해 보세요. 🎧 02-08

① běnzhì   běnzi   ② chényù   chènyī   ③ tóngzhì   tōngzhī

④ xiāoxi   shǒuxí   ⑤ yìshēng   yīshēng   ⑥ zázhì   zájì

⑦ nánxìng   nánshēng   ⑧ pínfán   píngfǎn   ⑨ qìzhòng   qīzhōng

5 잘 듣고 녹음과 일치하는 한어병음을 써 보세요. 🎧 02-09

① _____   ② _____   ③ _____

④ _____   ⑤ _____   ⑥ _____

⑦ _____   ⑧ _____   ⑨ _____

⑩ _____   ⑪ _____   ⑫ _____

6 잘 듣고 녹음과 일치하는 문장을 한어병음으로 써 보세요. 🎧 02-10

① _____

② _____

③ _____

④ _____

중국어 속으로 풍덩

발음과 성조 공략기

본격적으로 성조와 발음 시작! 한참 연습하다 보면 안면 근육이 많이 당길 것이다. 마치 치과에서 시술 받은 마취가 덜 깼을 때 또는 급히 달려가다 벽에 꽝 부딪혔을 때의 느낌처럼 말이다. 욱하는 성질을 가진 분이라면 기분이 언짢아져 불평 한 마디 할지도 모른다.
"중국어 발음을 연습한 것뿐인데 왜 죄 없는 안면 근육이 당기고 난리얏!"

안면 근육이 당기는 당신! 잘했군, 잘했어!! 중국어에 천부적인 자질이 보이는군요! 만약 한 시간을 열심히 연습했는데도 안면 근육이 정상이라면? 크게 반성하거나 다른 언어 쪽으로 다시 한 번 생각해 보세요.

중국어를 처음 시작하면 우리말에 없는 성조도 낯설지만, 특히 우리가 안 쓰는 근육을 자극해야 제대로 할 수 있는 발음들이 많기 때문에 한동안은 내 얼굴이 내 얼굴 같지 않으며, 내 혀도 내 맘 같이 움직여주지 않아 힘이 들 것이다.

알 것 같으면서 아리송하고, 되나 싶으면 어느새 원래대로 돌아가기 일쑤인 발음 때문에 조바심이 난다면? 그리고 그 발음을 최단시간에 유창하게 마스터하고 싶다면? 방법은 간단하다! 그것은 바로, 지금 여러분 앞에 서 계신 선생님의 입 모양을 그대로 따라 하는 것이다.

뭐 그렇게 쉬운 방법이 있느냐고? 감히 제자로서 어찌 선생님 입 모양을 빤히 쳐다보느냐고? 선생님 입 모양에 여러분의 발음이 좋아질 수 있는 답이 있다면 잠깐 민망하더라도 뚫어져라 쳐다봄이 옳지 않겠는가! 이런저런 이유를 달다 보면 이도 저도 안 되니까 말이다. 일단 한 번 해 보고 말씀하시도록!

그리고 이쯤에서 한 마디 덧붙이면, 성조와 발음은 입문 과정에서만 얼른 배우고 끝내는 것이라는 나쁜 생각을 버려야 한다는 것이다. 뭐든 기본이 안 되어 있으면 다 흔들리지 않던가. 중국어도 마찬가지이다. 성조와 발음이 불안하면 유창한 회화는 꿈도 못 꾼다. 그러니 조금 힘들어도 선생님 입 모양을 열심히 보면서 성조와 발음을 익히고, 성조의 변화, 한어병음 표기의 변화 등을 꼼꼼하게 챙기도록 하자. 이렇게 익힌 발음은 하루에 10분 이상 무조건 큰 소리로 읽어야 내 입에 딱딱 붙는다는 것도 잊지 말고!

 외국어는 결국 말하자고 배우는 것이니 이왕이면 유창하면 좋지 않겠는가? 그럼 유창함은 어디서 나온다? 정확하고 꾸준한 연습에서 나온다는 것! 加油! Jiāyóu! (파이팅)

03

您好!
Nín hǎo!

안녕하세요!

학습 포인트

- '您贵姓?'으로 첫인사를 나눠 보자.
- 중국인의 인사 습관에 익숙해지자.
- 동사 '叫'를 사용해 이름을 묻고 답해 보자.

 나의 회화 수첩

첫인사는 공손하게 🎧 03-01

学 生 **您好!**
Nín hǎo!

张金喜 **你好!**
Nǐ hǎo!

您 nín 때 당신 [你의 존대어] | 好 hǎo 혱 좋다, 안녕하다, 잘 지내다 | 你 nǐ 때 너, 당신 ●学生 xuésheng 학생

이름 묻기 전에 성씨부터 먼저 🎧 03-02

李 总 **您贵姓?**
Nín guìxìng?

金泰山 **免贵姓金，您贵姓?**
Miǎnguì xìng Jīn, nín guìxìng?

李 总 **我姓李。**
Wǒ xìng Lǐ.

贵姓? guìxìng? 성씨가 어떻게 되십니까? | 免贵 miǎnguì 저는 | 姓 xìng 동 성이 ~이다 | 金 Jīn 김 [성씨] |
我 wǒ 때 나 | 李 Lǐ 몡 이 [성씨] ▶'李总'에서 '总 zǒng'은 '总经理 zǒngjīnglǐ (기업의) 최고경영자'를 줄인 표현이다.

 친절하게 내 이름을 소개해 보자. 🎧 03-03

民俊 **你叫什么名字?**
Nǐ jiào shénme míngzi?

松怡 **我叫金松怡。**
Wǒ jiào Jīn Sōngyí.

民俊 **她叫什么名字?**
Tā jiào shénme míngzi?

松怡 **她叫黄珍珠。**
Tā jiào Huáng Zhēnzhū.

叫 jiào 동 ~라고 부르다 | 什么 shénme 대 무엇 | 名字 míngzi 명 이름 | 她 tā 대 그녀

어법 노하우 대 공개

■ 인칭대명사

사람을 가리키는 대명사를 인칭대명사라고 한다. 중국어에서는 사물이나 동물을 가리키는 3인칭 '它'까지 인칭대명사에 포함시킨다.

	단수형	복수형
1인칭	我 wǒ 나	我们 wǒmen 우리(들)
2인칭	你 nǐ 너 您 nín 당신, 귀하	你们 nǐmen 너희, 당신들
3인칭	他 tā 그	他们 tāmen 그들
	她 tā 그녀	她们 tāmen 그녀들
	它 tā 그것	它们 tāmen 그것들

你好！ 안녕하세요!
Nǐ hǎo!

他们吃。 그들은 먹는다.
Tāmen chī.

▶ 알아두자! 중국어에서 복수형 접미사는 '们' 하나뿐이다.

■ 중국어의 존대어

중국어는 우리말처럼 존대어가 발달한 언어는 아니다. '你'의 존칭인 '您'이나 존칭의 의미가 있는 사람을 세는 단위인 '位 wèi'를 사용하여 공경의 뜻을 나타낼 수 있다.

您好！ 안녕하세요!
Nín hǎo!

这位老师真好。 이 선생님은 정말 좋으셔.
Zhè wèi lǎoshī zhēn hǎo.

■ 성씨 묻기

중국인들은 처음 만났을 때 보통 상대방의 성씨(姓)를 먼저 묻는다.

A 您贵姓？ 성씨가 어떻게 되세요?
   Nín guìxìng?

B-1 免贵姓金。 저는 김씨입니다.
    Miǎnguì xìng Jīn.

▶ 알아두자! 이렇게 표현하는 것이 좀 더 겸손한 표현이다.

B-2 我姓金。 저는 김씨입니다.
    Wǒ xìng Jīn.

제3자의 성씨를 물을 때는 다음과 같이 묻고 답한다.

A 他姓什么? 그는 성씨가 뭐죠?
Tā xìng shénme?

B 他姓李。 그는 이씨입니다.
Tā xìng Lǐ.

■ 이름 묻기

중국인은 동사 '叫'를 사용하여 이름을 묻고 답한다.

① 상대방의 이름을 물을 때

A 你叫什么名字? 네 이름은 뭐니?
Nǐ jiào shénme míngzi?

B 我叫金松怡。 내 이름은 김송이야.
Wǒ jiào Jīn Sōngyí.

② 제3자의 이름을 물을 때

A 她叫什么名字? 그녀의 이름은 뭐니?
Tā jiào shénme míngzi?

B 她叫李青青。 그녀는 리칭칭이라고 해.
Tā jiào Lǐ Qīngqing.

새 단어

吃 chī 동 먹다 | 这 zhè 대 이, 이것 | 位 wèi 양 분, 명 [공경의 뜻을 가짐] | 老师 lǎoshī 명 선생님 |
真 zhēn 부 정말, 아주

숨겨 둔 문장 실력

▶ 바꿔서 말해 보고, 이를 활용해 대화를 나눠 보세요. 🎧 03-04

하나 您好！

老师 lǎoshī 선생님
你们 nǐmen 너희들
金总 Jīn zǒng 김 사장님

실력 UP!

A 您好！
B 你好！

둘 我姓金。

张 Zhāng 장
李 Lǐ 이
王 Wáng 왕

A 您贵姓？
B 我姓金。

셋 我叫金松怡。

金泰山 Jīn Tàishān 김태산
张金喜 Zhāng Jīnxǐ 장금희
黄珍珠 Huáng Zhēnzhū 황전주

A 你叫什么名字？
B 我叫金松怡。

단어 플러스

중국인의 성씨

王 Wáng 왕 | 张 Zhāng 장 | 刘 Liú 유 | 陈 Chén 진 | 杨 Yáng 양 | 马 Mǎ 마 | 赵 Zhào 조 | 周 Zhōu 주 |
吴 Wú 오 | 孙 Sūn 손 | 徐 Xú 서 | 唐 Táng 당 | 郭 Guō 곽 | 李 Lǐ 이 | 黄 Huáng 황

나만의 복습 다이어리

이제 본격적으로 중국어 공부를 시작했으니 내 나름대로 정리를 해 볼까 해.

누군가를 만났을 때 가장 중요한 것은 인사라고 할 수 있지. 중국어의 시작도 바로 공손한 인사로부터 시작한다고. 오호! 좋아 좋아!!

오늘 안 사실인데, 중국인들은 처음 만났을 때 바로 이름을 묻지 않는대. 그럼 뭐부터 묻냐고? 일단 성씨를 먼저 확인한 후에 이름을 물어본다는 거야. 그 다음에 본격적인 호구조사에 돌입?!

그럼 오늘 배운 중요한 표현을 살펴볼까?

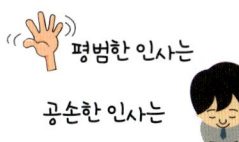

평범한 인사는 你好! Nǐ hǎo!
공손한 인사는 您好! Nín hǎo!

성씨를 말할 때는 나를 상대방보다 낮추어서 '免贵姓 miǎnguì xìng' 다음에 나의 성씨를 말하면 가장 좋은데, 이게 조금 어려우면 '我姓 wǒ xìng' 뒤에 자신의 성씨를 붙여 말하면 돼.

이름을 말할 때는 '我叫 wǒ jiào' 뒤에 자기 이름을 말하면 되고.

만약에 내 이름이 '金松怡 Jīn Sōngyí'이면, '您好! 免贵姓金。我叫金松怡。 Nín hǎo! Miǎnguì xìng Jīn. Wǒ jiào Jīn Sōngyí.'라고 하면 완벽한 표현이 되는 거지!

와! 이 고도의 이해력과 응용력~ 아무래도 시작이 너무 좋은걸!

중국어~~앞으로 잘해 보자!

분석의 묘

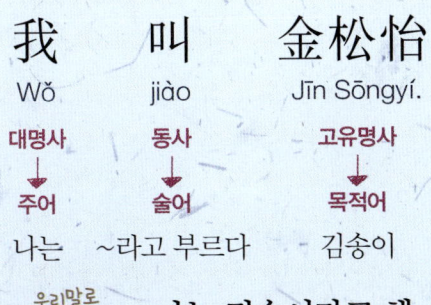

03 您好! 39

차근차근 실력 확인

1 잘 듣고 그림과 녹음 내용이 일치하면 O표, 일치하지 않으면 X표를 해 보세요. 🎧 03-05

❶ ( )   ❷ ( )

❸ ( )   ❹ ( )

2 '您'과 같은 성조를 가진 단어를 찾아 한자와 한어병음을 써 보세요.

好　　王　　贵　　名　　李
什　　你　　黄　　姓　　金

❶ 한자 _____　한어병음 _____
❷ 한자 _____　한어병음 _____
❸ 한자 _____　한어병음 _____
❹ 한자 _____　한어병음 _____

3 대화가 완성될 수 있도록 문장을 알맞게 연결해 보세요.

① 您好!
Nín hǎo!

② 您贵姓?
Nín guìxìng?

③ 你叫什么名字?
Nǐ jiào shénme míngzi?

④ 她叫什么名字?
Tā jiào shénme míngzi?

A 我叫金松怡。
Wǒ jiào Jīn Sōngyí.

B 她叫黄珍珠。
Tā jiào Huáng Zhēnzhū.

C 你好!
Nǐ hǎo!

D 免贵姓金。
Miǎnguì xìng Jīn.

4 한어병음을 참고하여 빈칸에 알맞은 한자를 쓰고, 문장 전체의 뜻을 써 보세요.

① Nǐ hǎo!

		!

뜻 : _____!

② Wǒ xìng Lǐ.

	李	。

뜻 : _____.

③ Nǐ jiào shénme míngzi?

你	什么		?

뜻 : _____?

④ Tā jiào Huáng Zhēnzhū.

她		黄	珍	珠	。

뜻 : _____.

 발음·성조 클리닉

b, p, m, f 발음을 연습해 보세요.

Step 1 기본 연습

b	p	m	f
bo bei bang	po pei pang	mo mei mang	fo fei fang

Step 2 확장 연습

b	p	m	f
bàba bōfàng biǎomiàn	pīnpán pǔbiàn pīnbó	měimǎn ménpái miànbāo	fāfàng fúdù fēnbié

Step 3 잰말놀이 연습

Bābǎi biāobīng bēn běipō,

běipō pàobīng bìngpái pǎo.

간체자와 친해지기

✏️ 획순을 참고해서 간체자를 따라 써 보세요.

您 nín
丿 亻 亻' 伫 伫 你 你 您 您 您

你 nǐ
丿 亻 亻' 伫 伫 你 你

好 hǎo
𡿨 乚 女 女' 奵 好

我 wǒ
一 二 千 手 我 我 我

贵 guì
丨 口 日 史 虫 虫 贵 贵 贵

姓 xìng
𡿨 乚 女 女 女' 妵 姓 姓

她 tā
𡿨 乚 女 如 如 她

叫 jiào
丨 冂 口 叭 叫

중국문화 속으로 풍덩

이해와 오해를 넘어~

중국의 채소 중에서 우리가 가장 못 견뎌 하는 채소가 하나 있는데, 이름하여 '香菜 xiāngcài'!!
우리가 '고수'라고 부르는 '香菜'는 그 이름처럼 향기로 무고한 사람을 여럿 '기절' 시켜버렸을 뿐 아니라, '香菜'를 잘 먹으면 중국어를 잘할 수 있다는 황당무계한 괴담까지 있을 정도이다. 필자 역시 6개월 동안 밀당을 한 후에야 친해질 수 있었으니…… '香菜'는 정말 쉽게 다가가기 힘든 묘한 매력을 지니고 있는 채소라 하겠다.

그렇다면 역으로 중국인들이 쉬이 받아들이지 못하는 우리의 맛에는 어떤 것이 있을까?
고추장? 김치? 아니다! 중국인들이 힘들어하는 우리의 맛은 바로 된장이다. "아니, 왜? 그 맛난 된장을 못 먹어?"라고 묻고 싶겠지만, '香菜'를 못 먹는 당신에게 중국인들이 묻고 싶은 말 역시 "아니, 왜?"가 아닐까?

다른 예를 들어 보자. 우리의 주거문화는 온돌이 기본이다. 물론 지금은 서양 문화의 영향을 받아 입식 문화가 주를 이루지만 그렇다고 해도 양반다리를 못하는 한국인은 거의 없을 것이다. 그러나 중국인은 다르다. 침대 문화가 주를 이루는 그들에게 양반다리는 불편할 수밖에 없다. 그런 것도 모르고 우리는 중국에서 손님이 오면 고급 한정식 집에 데려가 "편히 앉아서 드세요!"라고 말하며 방석을 권한다. 이 말을 듣는 순간, 그들은 속으로 그럴 것이다. "차라리 목욕탕 의자를 주면 더 편할텐데……."

우리가 처음 중국 음식을 먹었을 때 느끼함과 더부룩함을 느꼈듯이, 중국인들 역시 한국 음식을 먹고 나서 느끼는 기분이 있다. 그것은 다름 아닌 허전함과 공복감이다. 우리 음식은 담백하기 때문에 기름진 음식에 익숙한 그들에겐 언제나 허기를 채울 수 없는 2% 부족한 음식으로 느껴진다. 그것은 우리 음식이 맛없어서가 아니라, 그저 그들의 음식 문화와 우리의 음식 문화가 다르기 때문에 나타나는 자연스러운 현상일 뿐이다. 따라서 한국에 처음 오는 중국인들에게는 한정식보다 기름에 튀긴 호떡이나 사발면이 오히려 더 큰 기쁨을 줄 수도 있는 것이다.

'로마에 가면 로마의 법을 따르라'라는 말이 있다. 필자 역시 이 말에 백만 번 동의하는 사람 중 하나이지만, 그렇다고 해서 막무가내로 무조건 나를 따르라고 하기 보다는 상대방의 배경이나 문화에 대해 기본적인 것 정도는 미리 파악을 하고 배려해 주는 것이 옳지 않을까 싶다. 중국과 우리나라는 이웃해 있어 많이 비슷할 것 같지만 의외로 다른 점이 많다. 그러니 그들의 문화에 대해 열린 마음으로 다가가 따뜻한 손을 내밀어 보는 것은 어떨까?

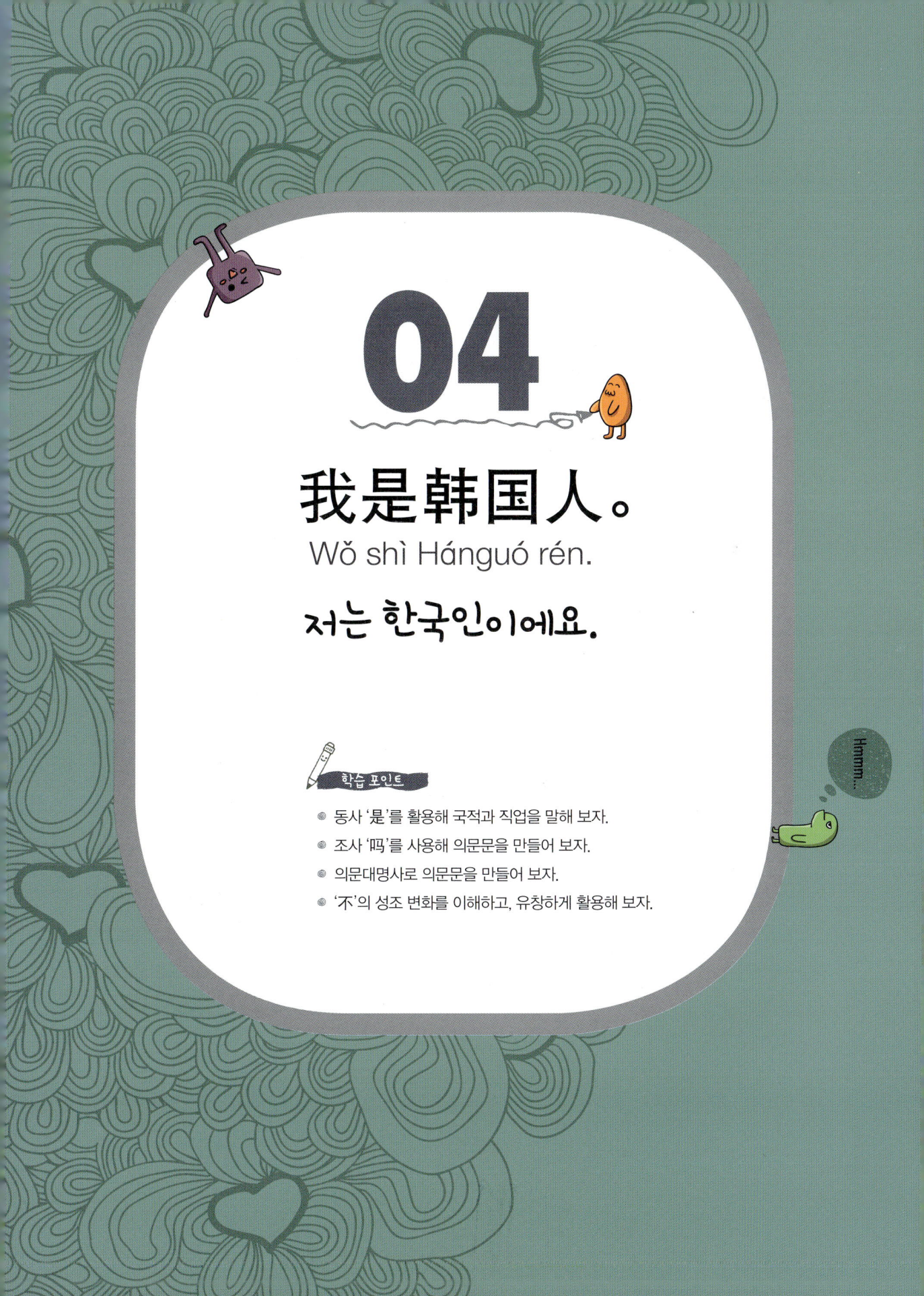

나의 회화 수첩

상황 1 국적을 확인해 볼까요? 🔊 04-01

金泰山 **你是哪国人?**
　　　　Nǐ shì nǎ guó rén?

李　总 **我是中国人，你也是中国人吗?**
　　　　Wǒ shì Zhōngguó rén, nǐ yě shì Zhōngguó rén ma?

金泰山 **我不是中国人，我是韩国人。**
　　　　Wǒ bú shì Zhōngguó rén, wǒ shì Hánguó rén.

是 shì 동 ~이다 | 哪 nǎ 대 어느 | 国 guó 명 나라 | 人 rén 명 사람 | 中国 Zhōngguó 고유 중국 | 也 yě 부 ~도, 역시 | 吗 ma 조 ~입니까? | 不 bù 부 ~가 아니다 | 韩国 Hánguó 고유 한국

상황 2 누구인지 궁금할 때는 이렇게 물어 봐! 🔊 04-02

青　青 **她是谁?**
　　　　Tā shì shéi?

乐　天 **她是我姐姐。**
　　　　Tā shì wǒ jiějie.

谁 shéi 대 누구 | 姐姐 jiějie 명 언니, 누나

상황 3 우리 가족의 직업이 궁금하니? 🎧 04-03

民俊 **你爸爸做什么工作？**
Nǐ bàba zuò shénme gōngzuò?

松怡 **我爸爸是总经理。**
Wǒ bàba shì zǒngjīnglǐ.

民俊 **你妈妈做什么工作？**
Nǐ māma zuò shénme gōngzuò?

松怡 **她是老师。**
Tā shì lǎoshī.

民俊 **你弟弟是大学生吗？**
Nǐ dìdi shì dàxuéshēng ma?

松怡 **不，他是高中生。**
Bù, tā shì gāozhōngshēng.

爸爸 bàba 몡 아빠 | **做** zuò 툉 하다, 종사하다 | **工作** gōngzuò 몡 일, 툉 일하다 | **总经理** zǒngjīnglǐ 몡 사장님 | **妈妈** māma 몡 엄마 | **老师** lǎoshī 몡 선생님 | **弟弟** dìdi 몡 남동생 | **大学生** dàxuéshēng 몡 대학생 | **高中生** gāozhōngshēng 몡 고등학생 ▶ **小学生** xiǎoxuéshēng 초등학생, **初中生** chūzhōngshēng 중학생, **研究生** yánjiūshēng 대학원생

어법 노하우 대 공개

■ '是'를 쓰는 술어문

동사 '是'가 술어로 쓰여 '~는 ~이다'라는 뜻을 나타내는 문형을 말한다. '주어+是+목적어' 형식으로 이루어지며, '是' 뒤에 오는 목적어가 주어를 설명한다.

① 긍정형 [주어+是+목적어]

我是韩国人。 나는 한국인입니다.
Wǒ shì Hánguó rén.

他是老师。 그는 선생님입니다.
Tā shì lǎoshī.

② 부정형 [주어+不是+목적어]

我不是韩国人。 나는 한국인이 아닙니다.
Wǒ bú shì Hánguó rén.

他不是老师。 그는 선생님이 아닙니다.
Tā bú shì lǎoshī.

■ '吗'를 사용한 의문문

가장 기본적인 의문문이다. 평서문 상태에서 문장의 어순 변화 없이 문장 끝에 의문조사 '吗'를 붙이면 된다. 대답은 보통 'A是B'나 'A不是B'를 사용하여 할 수 있다.

A 你是学生吗? 당신은 학생인가요?
Nǐ shì xuésheng ma?

B-1 我是学生。 저는 학생입니다.
Wǒ shì xuésheng.

B-2 我不是学生，我是公司职员。 저는 학생이 아니고 회사원입니다.
Wǒ bú shì xuésheng, wǒ shì gōngsīzhíyuán.

■ '不'의 성조 변화

① '不' 뒤에 제4성이 오면 '不'는 제2성으로 변한다.

不去 bú qù | 不看 bú kàn | 不爱 bú ài

② '不'가 제1성, 제2성, 제3성 앞에 오면 성조 변화 없이 제4성으로 읽어 준다.

不喝 bù hē | 不来 bù lái | 不晚 bù wǎn

■ 의문대명사

의문대명사란 '누구', '언제', '어디', '무엇'처럼 의문의 뜻을 나타내는 대명사로, 의문문을 만들 수 있다. 질문 대상에 따라 다음과 같이 나눌 수 있다.

사람·사물	谁 shéi 누구 哪 nǎ 어느 什么 shénme 무엇	장소	哪儿 nǎr 어디 哪里 nǎli 어디
시간	什么时候 shénme shíhou 언제	수량	多少 duōshao 얼마나 几 jǐ 몇
방식	怎么 zěnme 어떻게	상태	怎么样 zěnmeyàng 어떠한가
이유	为什么 wèishénme 왜, 어째서 怎么 zěnme 어째서		

■ 의문대명사를 사용한 의문문

중국어의 의문대명사는 문장의 여러 성분으로 쓰여서 의문문을 만든다. 의문대명사는 위치가 정해져 있는 것이 아니라 궁금한 부분에 사용해 물으면 된다.

주어
谁喜欢学习? 누가 공부하는 것을 좋아하나요?
Shéi xǐhuan xuéxí?

부사어
他**什么时候**来? 그는 언제 와요?
Tā shénme shíhou lái?

관형어
这是**什么**颜色? 이것은 무슨 색이죠?
Zhè shì shénme yánsè?

목적어
你去**哪儿**? 너 어디 가니?
Nǐ qù nǎr?

새 단어

学生 xuésheng 명 학생 | 公司职员 gōngsīzhíyuán 명 회사원 | 喜欢 xǐhuan 동 좋아하다 | 学习 xuéxí 동 공부하다
来 lái 동 오다 | 颜色 yánsè 명 색, 색깔 | 去 qù 동 가다

숨겨 둔 문장 실력

▶ 바꿔서 말해 보고, 이를 활용해 대화를 나눠 보세요. 🎧 04-04

하나 我是韩国人。

中国 Zhōngguó 중국
美国 Měiguó 미국
日本 Rìběn 일본

> **실력 Up!**
> A 你是哪国人?
> B 我是韩国人。

둘 她是我姐姐。

我妈妈 wǒ māma 우리 엄마
我朋友 wǒ péngyou 내 친구
王小姐 Wáng xiǎojiě 미스 왕

> A 她是谁?
> B 她是我姐姐。

셋 我爸爸是总经理。

厨师 chúshī 요리사
画家 huàjiā 화가
医生 yīshēng 의사

> A 你爸爸做什么工作?
> B 我爸爸是总经理。

단어 플러스

여러 가지 직업

律师 lǜshī 변호사 | 警察 jǐngchá 경찰 | 工程师 gōngchéngshī 엔지니어 | 演员 yǎnyuán 배우 | 音乐家 yīnyuèjiā 음악가 | 美发师 měifàshī 미용사 | 司机 sījī 운전기사 | 记者 jìzhě 기자 | 家庭主妇 jiātíng zhǔfù 가정주부

나만의 복습 다이어리

오늘은 '~이다'라는 뜻을 가진 '是' 동사에 대해 배웠어. 우리말로 '~이다'는 서술격조사인데, 중국어에서 '是'는 동사라고 하는군.
국적을 물을 때나 누군가를 소개할 때, 또 직업에 대해 말할 때도 '是'만 있으면 걱정 끝!
그럼 실전에 들어가 볼까?

국적을 물을 때는   你是哪国人? Nǐ shì nǎ guó rén?

그녀를 소개할 때는   她是我姐姐。 Tā shì wǒ jiějie.

아빠의 직업을 얘기할 때는   我爸爸是总经理。 Wǒ bàba shì zǒngjīnglǐ.

여기서 잠깐! 직업을 물을 때 '做 zuò' 동사를 사용했다고 해서
대답할 때도 '我爸爸做是总经理。 Wǒ bàba zuò shì zǒngjīnglǐ.'라고 하면 안 된다는 사실!
아, 맞다!! '~가 아니다'는 '不是 bú shì'라고 한다는 것도 기억해야겠지.
'是'의 부정은 '不是'!
나 아무래도 중국어 체질인가 봐!! 꺄오~~나 너무 잘해!!!

분석의 묘

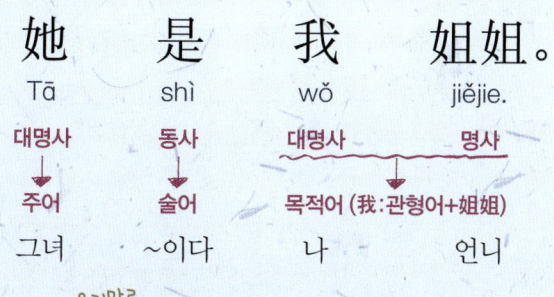

그녀는 우리 언니야.

차근차근 실력 확인

1 잘 듣고 그림과 녹음 내용이 일치하면 O표, 일치하지 않으면 X표를 해 보세요. 🎧 04-05

❶ (   )

❷ (   )

❸ (   )

❹ (   )

2 '我'와 같은 성조를 가진 단어를 찾아 한자와 한어병음을 써 보세요.

哪	国	是	姐	不
也	大	人	吗	老

❶ 한자 _____   한어병음 _____
❷ 한자 _____   한어병음 _____
❸ 한자 _____   한어병음 _____
❹ 한자 _____   한어병음 _____

3 대화가 완성될 수 있도록 문장을 알맞게 연결해 보세요.

❶ 她是谁?　　　　　　　　　　　　　A 他不是大学生。
　Tā shì shéi?　　　　　　　　　　　　Tā bú shì dàxuéshēng.

❷ 你是哪国人?　　　　　　　　　　　B 我爸爸是总经理。
　Nǐ shì nǎ guó rén?　　　　　　　　　Wǒ bàba shì zǒngjīnglǐ.

❸ 你爸爸做什么工作?　　　　　　　　C 我是中国人。
　Nǐ bàba zuò shénme gōngzuò?　　　　Wǒ shì Zhōngguó rén.

❹ 你弟弟是大学生吗?　　　　　　　　D 她是我姐姐。
　Nǐ dìdi shì dàxuéshēng ma?　　　　　Tā shì wǒ jiějie.

4 한어병음을 참고하여 빈칸에 알맞은 한자를 쓰고, 문장 전체의 뜻을 써 보세요.

❶ Wǒ shì Hánguó rén.

| 我 | 是 | | | | 。 |

뜻 : _____ .

❷ Nǐ māma zuò shénme gōngzuò?

| 你 | 妈 | 妈 | | 什 | 么 | | | ? |

뜻 : _____ ?

❸ Tā bú shì dàxuéshēng, shì gāozhōngshēng.

| 他 | 不 | 是 | 大 | 学 | 生 | , | 是 | | | 。 |

뜻 : _____ .

❹ Tā shì lǎoshī.

| 她 | 是 | | | 。 |

뜻 : _____ .

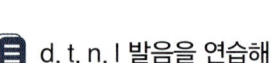 발음·성조 클리닉

d, t, n, l 발음을 연습해 보세요. 04-06

Step 1 기본 연습

d	t	n	l
dan ding duo	tan ting tuo	nan ning nuo	lan ling luo

Step 2 확장 연습

d	t	n	l
duànliàn diànnǎo dòngtài	tóunǎo tónglù tiándì	nándào nǔlì nóngtián	língdù lóutī liáotiān

Step 3 잰말놀이 연습

Dà tùzi, dà dùzi, dà dùzi de dà tùzi,

yào yǎo dà tùzi de dà dùzi.

간체자와 친해지기

✏️ 획순을 참고해서 간체자를 따라 써 보세요.

是 shì
丨 冂 日 日 旦 早 早 昰 是

哪 nǎ
丨 冂 口 叮 叮 叮 呖 哪 哪

国 guó
丨 冂 冂 冃 田 国 国 国

人 rén
丿 人

不 bù
一 ㄱ 不 不

谁 shéi
丶 讠 讠 讠 讠 讠 诈 诈 谁 谁

做 zuò
丿 亻 亻 仁 仕 估 估 做 做 做

吗 ma
丨 冂 口 叮 吗 吗

중국어 속으로 풍덩

중국어 회화, 그 짜릿한 열망~

"선생님! 전 중국어 회화만 하려고요."

"선생님! 중국어 회화 잘할 수 있는 방법 알려주세요!"

"선생님! 전 중국어 회화만 할 건데 어법 공부는 안 해도 되는 거 아닌가요?"

이 밖에도 '회화를 잘하고 싶은 열망'과 관련한 무수히 많은 질문이 있겠으나, 이제 막 중국어를 시작한 학생들이 가장 많이 던지는 대표적인 질문을 모아 본다면 위의 세 가지로 압축할 수 있을 것 같다.
그렇다. 모두 맞는 말이다. 두 주먹 불끈 쥐고 중국어 공부를 시작한 이래, 우리의 머릿속은 늘 '회화 잘하고 싶은 생각'으로, 가슴은 항상 '회화 잘하고 싶은 열망'으로 가득 차 있지 않았던가! 그러니 '회화만 잘하면 되지, 어법이 무슨 소용이람?'이라고 할지도 모른다.

그러나 중국어에 더 깊이 발을 들여놓기 전에 우리가 그토록 잘하고 싶어 하는 '중국어 회화'에 대해 냉정히 생각해 볼 필요가 있다. 아니다. 굳이 중국어 회화를 생각해 볼 필요 없이 한국어에 대입시켜 생각해 보자. 우리가 한국어를 구사할 때 "이건 구개음화, 이건 용언변화, 이건 자음접변현상" 하고 분석하며 말하지는 않는다. 하지만 위대한 세종대왕께서 '나랏말싸미 듕귁에 다라 문자와로 서르 사맛디 아니할새……' 한글 창제를 하신 이후에 우리 어린 백성들은 난해한 국문법으로 인해 머리 깨지는 고통을 맛보지 않았던가? 혹시 필자만 그런 경험이 있었을까? 우리 학생들은 국문법을 거치지 않고 바로 유창한 한국어 회화로?? 그렇다면 기립박수로도 모자라다.

누군가는 그럴 수 있다. 어법 없이 회화할 수 있다고. 과연 그럴까? 아주 어린 아기 때가 아닌 이상 어법을 습득할 수 있는 나이쯤에 시작하는 외국어라면 어법의 기초를 쌓는 것이 회화를 잘하는 데 훨씬 더 효과적이다. 다행히 중국어 어법은 국문법보다 열 배는 쉽기 때문에 선생님 설명만 잘 들어도 금방 이해하고 바로 회화에 응용할 수 있다.

또 누군가는 이렇게 말할 수 있다. 어법은 HSK 시험을 잘 보기 위해 공부하는 것이라고. 아, 물론! 탄탄한 어법 실력은 시험 보는 데 결정적인 역할을 할 수 있다. 그러나 더 중요한 것은 여러분이 바라는 바대로 회화를 잘할 수 있게 만들어 준다는 것이다. 기초공사가 튼튼하지 않으면 좋은 집을 지을 수가 없듯이 여러분의 고품격 '중국어 집'을 짓기 위해서는 '어법'이라는 기초공사가 반드시 필요하다는 것을 잊지 말자.

* 중국어에서는 말을 잘하기 위한 법칙이라고 해서 문법을 '어법(语法 yǔfǎ)'이라 표현한답니다.

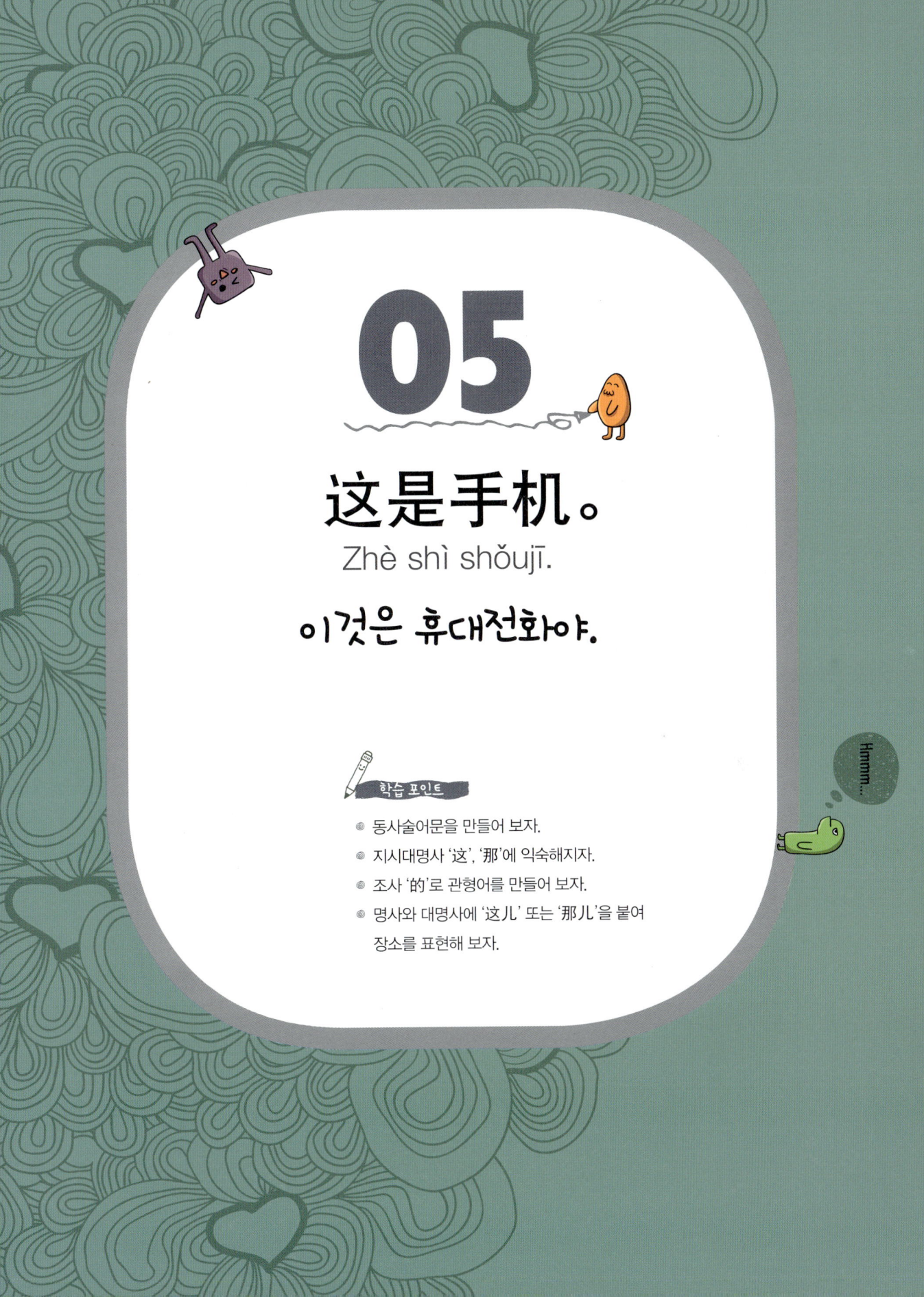

05

这是手机。
Zhè shì shǒujī.

이것은 휴대전화야.

학습 포인트

- 동사술어문을 만들어 보자.
- 지시대명사 '这', '那'에 익숙해지자.
- 조사 '的'로 관형어를 만들어 보자.
- 명사와 대명사에 '这儿' 또는 '那儿'을 붙여 장소를 표현해 보자.

 나의 회화 수첩

 이것은 무엇일까? 🎧 05-01

青青 这是什么?
　　　Zhè shì shénme?

乐天 这是手机。
　　　Zhè shì shǒujī.

这 zhè 대 이, 이것 | 手机 shǒujī 명 휴대전화

 그건 내 거야~ 🎧 05-02

民俊 那是什么?
　　　Nà shì shénme?

松怡 那是汉语书。
　　　Nà shì Hànyǔ shū.

民俊 那是谁的汉语书?
　　　Nà shì shéi de Hànyǔ shū?

松怡 那是我的汉语书。
　　　Nà shì wǒ de Hànyǔ shū.

那 nà 대 그, 저, 그것, 저것 | 汉语 Hànyǔ 명 중국어 | 书 shū 명 책 | 的 de 조 ~의

상황 3 내 물건에는 발이 달렸나? 05-03

乐天　妈妈，我的书包在哪儿?
　　　Māma, wǒ de shūbāo zài nǎr?

张金喜　你的书包在那儿。
　　　Nǐ de shūbāo zài nàr.

松怡　妈妈，我的钱包呢?
　　　Māma, wǒ de qiánbāo ne?

张金喜　在这儿。
　　　Zài zhèr.

金泰山　那我的信用卡呢?
　　　Nà wǒ de xìnyòngkǎ ne?

张金喜　在我这儿。
　　　Zài wǒ zhèr.

书包 shūbāo 명 책가방 | 在 zài 동 ~에 있다 | 哪儿 nǎr 대 어디 | 那儿 nàr 대 저쪽, 거기 | 钱包 qiánbāo 명 지갑 | 呢 ne 조 ~는? | 这儿 zhèr 대 여기 | 那 nà 접 그러면, 그렇다면 | 信用卡 xìnyòngkǎ 명 신용카드

어법 노하우 대공개

■ 지시대명사

지시대명사란 사물이나 장소 등을 가리키는 대명사를 말한다. 가까이 있는 것을 가리킬 때는 '这'를, 멀리 있는 것을 가리킬 때는 '那'를 사용한다.

	가까운 것을 가리킬 때	먼 것을 가리킬 때
사람, 사물	这 zhè 이 这个 zhège 이것 这些 zhèxiē 이것들	那 nà 저 那个 nàge 저것 那些 nàxiē 저것들
장소	这儿 zhèr 여기, 이곳 这里 zhèli 여기, 이곳	那儿 nàr 저기, 거기, 그곳, 저곳 那里 nàli 저기, 거기, 그곳, 저곳
성질, 방법, 정도	这么 zhème 이렇게, 이만큼 这样 zhèyàng 이렇게, 이만큼	那么 nàme 그렇게, 저렇게 那样 nàyàng 그렇게, 저렇게

■ 조사 '的' (1)

① 조사 '的'의 용법

명사나 대명사 뒤에 구조조사 '的'를 붙여 소유·소속·한정(限定)의 관계를 나타낼 수 있다.

你的书在那儿。　네 책은 저쪽에 있어.
Nǐ de shū zài nàr.

这是我的手表。　이것은 내 손목시계야.
Zhè shì wǒ de shǒubiǎo.

② 조사 '的'를 생략하는 경우

가족이나 친척, 친구, 소속단체를 나타낼 때는 '的'를 생략해도 된다.

我家 wǒ jiā 우리 집 | 我弟弟 wǒ dìdi 내 남동생 | 我国 wǒ guó 우리나라
我朋友 wǒ péngyou 내 친구 | 我们公司 wǒmen gōngsī 우리 회사

我朋友是中国人。　내 친구는 중국인이야.
Wǒ péngyou shì Zhōngguó rén.

这是我弟弟的手机。　이것은 내 남동생의 휴대전화야.
Zhè shì wǒ dìdi de shǒujī.

■ 동사술어문

술어의 주요 성분이 동사인 문장을 말한다.

爸爸在那儿。Bàba zài nàr. 아빠는 저쪽에 계신다.

我们笑。Wǒmen xiào. 우리는 웃는다.

妈妈喝茶。Māma hē chá. 엄마는 차를 마신다.

他们看电影。Tāmen kàn diànyǐng. 그들은 영화를 본다.

■ '呢'를 사용한 생략의문문

명사 또는 대명사 뒤에 '呢'를 붙여서 같은 내용을 반복하지 않고 줄여서 질문할 수 있다.

我去北京，你呢? 나는 베이징에 가는데, 너는?
Wǒ qù Běijīng, nǐ ne?

她是中国人，他呢? 그녀는 중국인인데, 그는?
Tā shì Zhōngguó rén, tā ne?

我的蛋糕呢? 내 케이크는?
Wǒ de dàngāo ne?

弟弟呢? 남동생은?
Dìdi ne?

■ 명사 또는 대명사+'这儿'/'那儿'

명사, 대명사 뒤에 '这儿', '那儿'을 붙여 장소의 뜻을 나타낼 수 있다.

你的钱包在我。(X)

你的钱包在我这儿。(O) 네 지갑은 나한테 있어.
Nǐ de qiánbāo zài wǒ zhèr.

我去老师。(X)

我去老师那儿。(O) 나는 선생님께 가요.
Wǒ qù lǎoshī nàr.

새 단어

手表 shǒubiǎo 명 손목시계 ┆ 笑 xiào 동 웃다 ┆ 喝 hē 동 마시다 ┆ 茶 chá 명 차 ┆ 看 kàn 동 보다 ┆ 电影 diànyǐng 명 영화 ┆ 北京 Běijīng 고유 베이징 ┆ 蛋糕 dàngāo 명 케이크

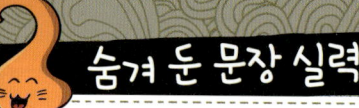

숨겨 둔 문장 실력

▶ 바꿔서 말해 보고, 이를 활용해 대화를 나눠 보세요. 🎧 05-04

하나 这是**手机**。

照相机 zhàoxiàngjī 카메라
电脑 diànnǎo 컴퓨터
书 shū 책

실력 UP!

A 这是什么?
B 这是**手机**。

둘 那是**我的汉语书**。

弟弟的手表 dìdi de shǒubiǎo 남동생의 손목시계
他的裤子 tā de kùzi 그의 바지
她的报纸 tā de bàozhǐ 그녀의 신문

A 那是什么?
B 那是**我的汉语书**。

셋 你的书包在**那儿**。

这儿 zhèr 여기
我这儿 wǒ zhèr 나한테
他那儿 tā nàr 그 사람한테

A 我的书包在哪儿?
B 你的书包在**那儿**。

단어 플러스

내 책상 위의 물건들

本子 běnzi 공책 | 铅笔 qiānbǐ 연필 | 胶水 jiāoshuǐ 풀 | 胶带 jiāodài (접착용)테이프 | 钢笔 gāngbǐ 만년필 | 圆珠笔 yuánzhūbǐ 볼펜 | 自动铅笔 zìdòngqiānbǐ 샤프펜슬 | 随身杯 suíshēnbēi 텀블러 | 订书机 dìngshūjī 스테이플러 | 橡皮 xiàngpí 지우개 | 台灯 táidēng 탁상용 스탠드

나만의 복습 다이어리

오늘은 지시대명사 '这'와 '那'도 배우고, '~에 있다'는 뜻의 동사 '在'도 배웠어. 또 뭘 배웠더라?

맞다! 소유격을 나타내는 조사 '的'와 '나한테'라는 표현인 '我这儿'까지 배웠구나!

그럼 지시대명사를 먼저 복습해 볼까?

가까이 있는 것은 '这 zhè', 멀리 있는 것은 '那 nà'라는 것은 지시대명사의 기본이지.

그런데 나는 자꾸 '这'가 멀리 있는 것을 가리킬 것 같아. '저기~' 할 때의 '저'랑 너무 헷갈린단 말이지!

어쨌든 다시 집중을 해 보자.

 '이것은 휴대전화다.'라는 표현은　　这是手机。Zhè shì shǒujī.

'그것은 나의 중국어 책이야.'라는 표현은　　那是我的汉语书。Nà shì wǒ de Hànyǔ shū.

다음은 '저쪽에 있어'라는 표현을 만들어 볼까?

우선 '있다'라는 뜻의 동사는 '在', '저쪽'은 '那儿', 합쳐서 '在那儿'. 정말 쉽지?

마지막으로 오늘의 하이라이트! '나한테 있어요.'라는 표현을 만들어 보자고.

일단 '在'는 알겠고, '나한테'라는 표현은 '我这儿', 합치면 '在我这儿 zài wǒ zhèr'.

역시 난 중국어 천재인가 봐!!

분석의 묘

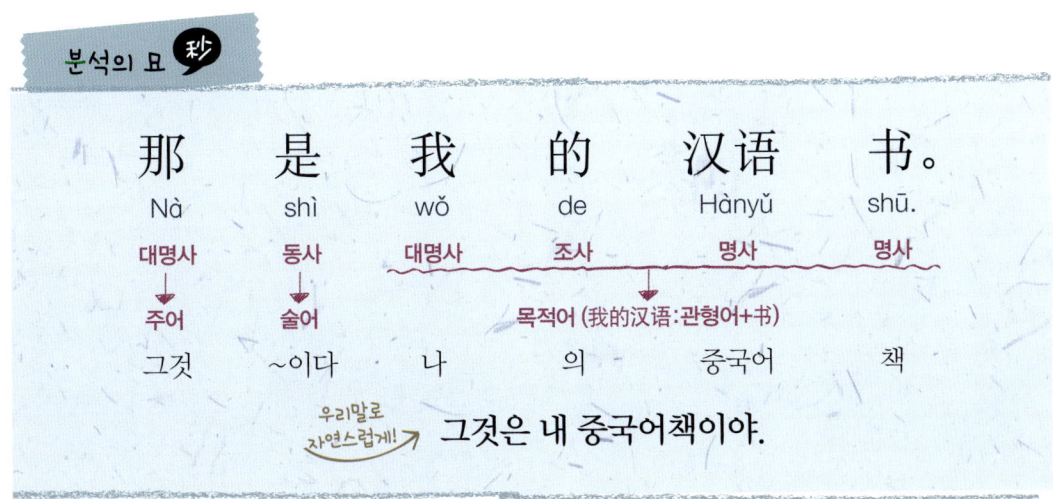

차근차근 실력 확인

1 잘 듣고 그림과 녹음 내용이 일치하면 O표, 일치하지 않으면 X표를 해 보세요. 🎧 05-05

❶ (　　　)

❷ (　　　)

❸ (　　　)

❹ (　　　)

2 '这'와 같은 성조를 가진 단어를 찾아 한자와 한어병음을 써 보세요.

| 谁 | 那 | 汉 | 看 | 手 |
| 书 | 的 | 呢 | 在 | 语 |

❶ 한자 _____　　한어병음 _____
❷ 한자 _____　　한어병음 _____
❸ 한자 _____　　한어병음 _____
❹ 한자 _____　　한어병음 _____

3 대화가 완성될 수 있도록 문장을 알맞게 연결해 보세요.

① 我的书包在哪儿?
Wǒ de shūbāo zài nǎr?

② 这是什么?
Zhè shì shénme?

③ 那是谁的汉语书?
Nà shì shéi de Hànyǔ shū?

④ 我的钱包呢?
Wǒ de qiánbāo ne?

A 这是手机。
Zhè shì shǒujī.

B 那是我的汉语书。
Nà shì wǒ de Hànyǔ shū.

C 你的钱包在这儿。
Nǐ de qiánbāo zài zhèr.

D 你的书包在那儿。
Nǐ de shūbāo zài nàr.

4 한어병음을 참고하여 빈칸에 알맞은 한자를 쓰고, 문장 전체의 뜻을 써 보세요.

① Zhè shì shénme?

| 这 | 是 | | | ? |

뜻 : _____?

② Nà shì Hànyǔ shū.

| 那 | 是 | | | | 。|

뜻 : _____.

③ Wǒ de shūbāo ne?

| 我 | 的 | | | ? |

뜻 : _____?

④ Tā zài wǒ zhèr.

| 它 | 在 | | | | 。|

뜻 : _____.

발음·성조 클리닉

📄 g, k, h 발음을 연습해 보세요. 🎧 05-06

Step 1 기본 연습

g
- ge
- gui
- guang

k
- ke
- kui
- kuang

h
- he
- hui
- huang

Step 2 확장 연습

g
- guóhuì
- gùkè
- géhé

k
- kuānguǎng
- kèhù
- kǒuhóng

h
- hégé
- hángkōng
- hǎiguān

Step 3 잰말놀이 연습

Gē kuà guākuāng guò kuān gōu,
gǎnkuài guò gōu kàn guài gǒu.

간체자와 친해지기

✏️ 획순을 참고해서 간체자를 따라 써 보세요.

这 zhè
丶 亠 方 文 文 这 这

那 nà
乛 ヨ 月 那 那

汉 hàn
丶 丶 氵 汉 汉

语 yǔ
丶 讠 讠 讵 语 语 语 语

书 shū
乛 乛 书 书

包 bāo
丿 勹 匀 匀 包

的 de
丿 冂 白 白 白 的 的

在 zài
一 ナ 才 右 存 在

차 한 잔에 담긴 행복

역시 중국 차(茶)에는 얼후(二胡 èrhú) 연주곡이 최고다. 향기로운 차 한 잔을 앞에 놓고 '二泉映月 èr quán yìng yuè [얼후 10대 명곡 중 하나]'라도 들을라치면 어느새 신선이라도 된 느낌이다.

차(茶) 하면 중국이고 중국 하면 차(茶)이다 보니, 중국에 가면 어디서나 손쉽게 좋은 차를 마실 수 있을 것만 같다. 하지만 정말로 좋은 차를 마셔보기란 그리 쉽지 않다. 똑같은 차라도 포장 판매되는 차와 근(斤)으로 달아 파는 차의 맛이 다르고, 일반 식당에서 마시는 차와 고급 식당에서 마시는 차가 다르기 때문이다.

중국에서 차가 일반인들에게 널리 보급되기 시작한 것은 당(唐)나라 때부터이다. 중국에서 차가 발달한 것은 우리가 알고 있는 것처럼 중국의 수질이 안 좋아서이기도 하지만, 그것보다 더 중요한 사실은 기름기가 많은 중국 음식에 차가 잘 어울리기 때문이다. 기름기가 많고 자극적인 음식을 많이 먹게 되면 몸이 산성화 되어 만성피로, 정서불안 등을 일으키게 되는데, 알칼리성인 차가 체내에 흡수되면서 몸의 산성화를 막아준다는 것이다.

지역마다 즐겨마시는 차도 다른데, 날씨가 추운 북방에서는 몸을 따뜻하게 해주는 화차(花茶 huāchá)를 많이 마시고, 날씨가 더운 남방에서는 녹차(绿茶 lǜchá)를 마셔 몸의 열을 식혀 준다. 우리가 잘 알고 있는 재스민차(茉莉花茶 mòlìhuāchá)는 대표적인 화차이다.

차를 마실 때는 향(香), 맛(味道), 색(色), 형태(形)를 같이 느껴야 제대로 차를 음미한다 할 수 있다. 차를 우릴 때 찻물의 온도가 중요한데, 홍차(红茶 hóngchá)나 우롱차(乌龙茶 wūlóngchá)는 팔팔 끓는 물을 부어야 그 향을 제대로 느낄 수 있고, 녹차(绿茶 lǜchá)는 70℃ 정도 되는 물을 부어야 제 맛이 난다. 이 때 찻잎이 누렇게 변색되는 것을 막기 위해 찻잔 뚜껑을 열어두는 것이 좋다.

차 문화가 발달한 중국에서는 티타임이 인맥을 만드는 비즈니스의 장으로 활용되기도 한다. 특히 남방의 사업가들은 몇몇이 같이 모여 차를 마시며 정보를 나누는 것을 좋아하기 때문에, 이런 자리를 잘 활용한다면 중국 사업을 하는데 큰 도움을 받을 수 있다.

우리도 오늘 차 한 잔 할까요?

06

复习
fùxí

복습

단어 실력 점프

1 주어진 뜻에 해당하는 단어를 한자로 써 보세요.

① ☐☐ 무엇　② ☐☐ 이름　③ ☐☐ 한국　④ ☐☐ ~입니까?

⑤ ☐ ~라고 부르다　⑥ ☐ 이, 이것　⑦ ☐ 누구　⑧ ☐ ~의

⑨ ☐☐ 중국어　⑩ ☐ ~이다　⑪ ☐☐ 선생님　⑫ ☐ 그녀

2 알맞은 단어를 골라 빈칸에 써서 문장을 완성해 보세요.

> 好　叫　那　的　也

① 你＿＿什么名字?

② ＿＿是什么?

③ 这是我＿＿手机。

④ 我＿＿是韩国人。

⑤ 你＿＿!

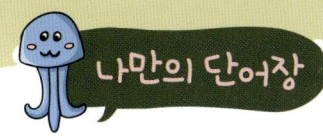

1 그림을 참고하여 빈칸에 직업이나 물건과 관련된 단어를 써 보세요.

2 주어진 한자를 보고 한어병음을 알맞게 써 보세요.

① 姐姐 _____   ② 大学生 _____   ③ 韩国 _____

④ 哪 _____   ⑤ 谁 _____   ⑥ 汉语 _____

⑦ 爸爸 _____   ⑧ 工作 _____   ⑨ 好 _____

⑩ 名字 _____   ⑪ 什么 _____   ⑫ 手机 _____

⑬ 您 _____   ⑭ 信用卡 _____   ⑮ 书包 _____

실력 테스트

1 다음 중 'ü'와 결합하는 성모가 아닌 것은?
① j ② q ③ x ④ h

2 다음 중 '不'의 성조가 다른 하나는?
① 不是 ② 不好
③ 不看 ④ 不在

3 다음 중 한어병음에 운모 'a'가 들어가지 않는 것은?
① 他 ② 吗 ③ 呢 ④ 妈

4 다음 중 성조가 다른 한자는?
① 汉 ② 这 ③ 叫 ④ 国

5 다음 중 제1성이 아닌 한자는?
① 书 ② 谁 ③ 车 ④ 包

6 세 한자에 공통으로 들어 있는 성모는?

什　　是　　师

① sh ② s ③ c ④ ch

7 다음 중 경성이 들어가 있지 않은 것은?
① 什么 ② 你呢
③ 我的 ④ 你好

8 밑줄 친 단어의 한어병음과 성조를 알맞게 고르세요.

A 那是什么?　B 那是汉语书。
　　　a　　　　　　　b

① a - nà　b - Hànǔ
② a - nǎ　b - Hànyǔ
③ a - nà　b - Hànyǔ
④ a - nǎ　b - Hànǔ

9 다음에서 품사가 바르게 표기되지 않은 것은?

你 爸爸 做 什么 工作?
a　b　c　d

① a - 대명사　② b - 동사
③ c - 대명사　④ d - 부사

10 밑줄 친 부분의 문장성분으로 알맞은 것은?

我是中国人。
　a

那是他的汉语书。
　　　b

① a - 술어　b - 술어
② a - 술어　b - 관형어
③ a - 관형어　b - 술어
④ a - 관형어　b - 관형어

11-14 잘 듣고 녹음 내용과 일치하는 그림을 골라 보세요. 🎧 06-01

11 (　　)　　12 (　　)

13 (　　)　　14 (　　)

a

b

c

d

15 밑줄 친 부분에 들어갈 단어로 적당하지 않은 것은?

> 我妈妈是_____。

① 中国人　　② 总经理
③ 漂亮　　　④ 老师

16 다음 의문문 중 잘못된 것은?

① 妈妈，我的钱包呢?
② 她是谁吗?
③ 你做什么工作?
④ 您贵姓?

17 대화의 밑줄 친 부분에 들어갈 표현 중 잘못된 것은?

> A 我的书包在哪儿?
> B 你的书包_____。

① 在这儿。
② 在那儿。
③ 在老师那儿。
④ 在我。

18 다음 중 질문과 답이 어울리지 않는 것은?

① A 这是什么?
　 B 这是我姐姐。

② A 您贵姓?
　 B 我姓李。

③ A 她叫什么名字?
　 B 她叫黄珍珠。

④ A 你是哪国人?
　 B 我是中国人。

19 '汉语'와 같은 성조를 가진 단어는?

① 那是　　② 这儿
③ 是我　　④ 贵姓

20 처음 만났을 때 할 수 있는 말에 어울리지 않는 것은?

① 您好!
② 我的信用卡在哪儿?
③ 你是哪国人?
④ 您贵姓?

21 다음 그림에 없는 단어는?

① 钱包　　② 手机
③ 书包　　④ 信用卡

22-25 주어진 단어를 어순에 맞게 배열해 보세요.

22 那　　什么　　是

_____?

23 这　　汉语书　　我的　　是

_____。

24 中国人　　也　　你　　吗　　是

_____?

25 你的　　我这儿　　书包　　在

_____。

26-29 주어진 한자를 사용해 작문해 보세요.

26 그는 누구인가요? (谁)

_____?

27 내 남동생은 대학생이 아니야. (不是)

_____。

28 너희 엄마는 무슨 일 하셔? (做……工作)

_____?

29 저것은 누나의 중국어책이야. (姐姐的)

_____。

대화문 완성

1-6 그림의 상황을 참고하여 어울리는 대화를 완성해 보세요.

1

A 您＿＿＿＿＿＿＿＿？
B 我＿＿＿＿李。

2

A 你是＿＿＿＿国人？
B ＿＿＿＿是＿＿＿＿人。

3

A 这是什么？
B 这是＿＿＿＿＿。

4

A 我＿＿＿书包＿＿＿哪儿？
B ＿＿＿书包＿＿＿我＿＿＿。

5

A 你＿＿＿＿什么名字？
B 我＿＿＿＿金松怡。

6

A 你爸爸＿＿＿什么＿＿＿？
B 我爸爸是＿＿＿＿＿。

도전! 중국 노래 ♬

생일 축하해!

祝你生日快乐！ Zhù nǐ shēngrì kuàilè!
祝你生日快乐！ Zhù nǐ shēngrì kuàilè!
祝你生日快乐！ Zhù nǐ shēngrì kuàilè!
祝你生日快乐！ Zhù nǐ shēngrì kuàilè!

happy birthday to you
happy birthday to you
happy birthday to you
happy birthday to you

祝你生日快乐！ Zhù nǐ shēngrì kuàilè!
祝你生日快乐！ Zhù nǐ shēngrì kuàilè!

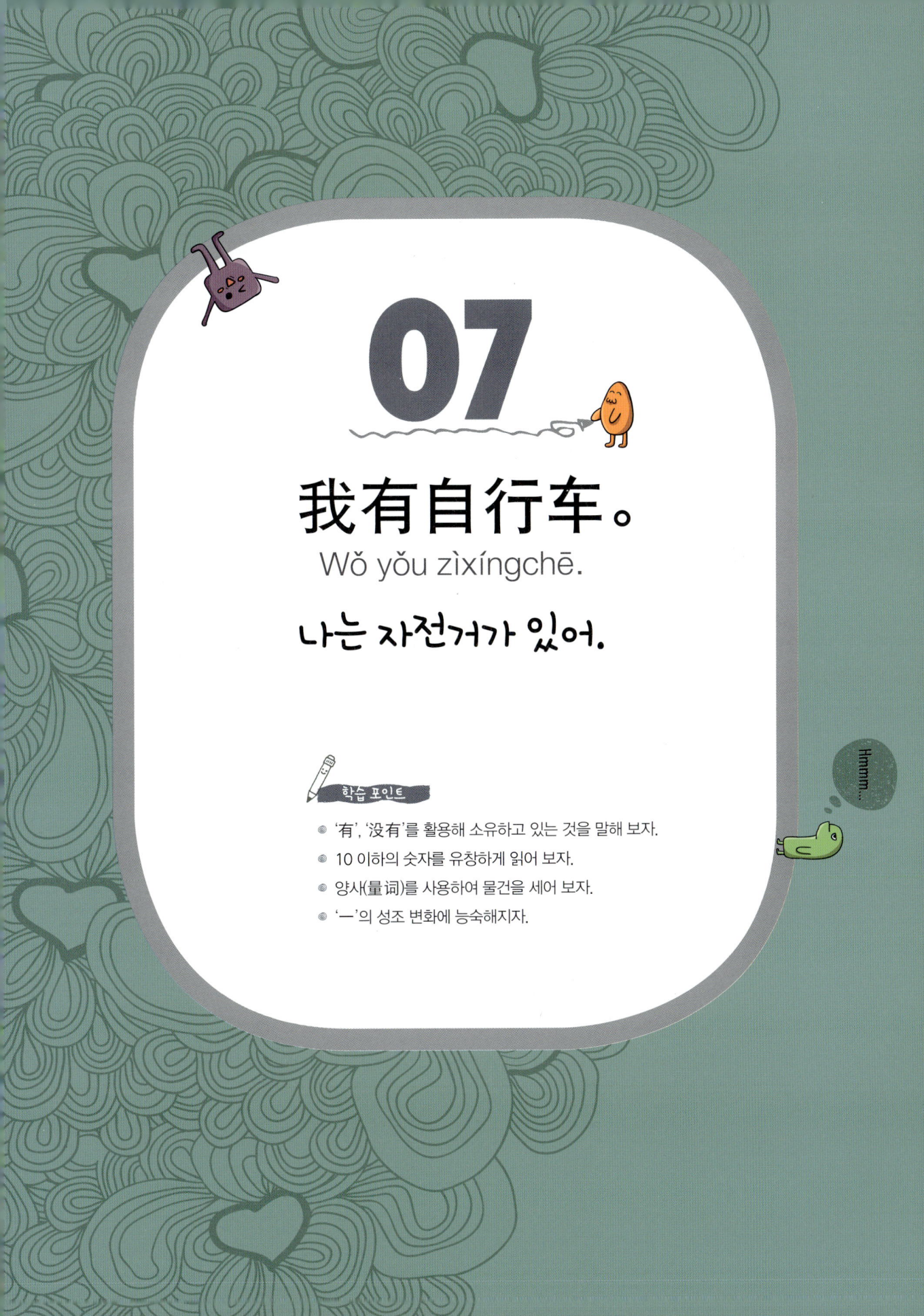

나의 회화 수첩

상황 1 내가 가지고 있는 물건 중 보물 1호는? 🎧 07-01

青青 **你有自行车吗?**
Nǐ yǒu zìxíngchē ma?

乐天 **我有自行车。**
Wǒ yǒu zìxíngchē.

有 yǒu 동 ~을 가지고 있다, ~이 있다 | 自行车 zìxíngchē 명 자전거

상황 2 애인과 남자친구 사이 🎧 07-02

珍珠 **你有男朋友吗?**
Nǐ yǒu nánpéngyou ma?

松怡 **我没有男朋友，有男的朋友。**
Wǒ méiyǒu nánpéngyou, yǒu nán de péngyou.

男朋友 nánpéngyou 남자친구 | 没有 méiyǒu 동 ~이 없다 | 男 nán 형 남성의, 명 남자 | 朋友 péngyou 명 친구
男的朋友 nán de péngyou 남성인 친구

내가 몇 개 가지고 있는지 알려줄게! 07-03

民俊 你有几本汉语词典?
Nǐ yǒu jǐ běn Hànyǔ cídiǎn?

松怡 我有两本汉语词典。
Wǒ yǒu liǎng běn Hànyǔ cídiǎn.

民俊 你也有中文杂志吗?
Nǐ yě yǒu Zhōngwén zázhì ma?

松怡 我没有中文杂志。
Wǒ méiyǒu Zhōngwén zázhì.

民俊 那中国地图呢?
Nà Zhōngguó dìtú ne?

松怡 我有一张中国地图。
Wǒ yǒu yì zhāng Zhōngguó dìtú.

几 jǐ 대 몇 [주로 10 이하의 수를 물을 때 쓰임] | 本 běn 양 권 [책을 세는 단위] | 词典 cídiǎn 명 사전 | 两 liǎng 수 2, 둘 | 中文 Zhōngwén 명 중국의 언어와 문자 | 杂志 zázhì 명 잡지 | 地图 dìtú 명 지도 | 一 yī 수 1, 하나 | 张 zhāng 양 장 [넓고 평평한 물건을 세는 단위]

어법 노하우 대 공개

■ **'有'를 쓰는 술어문 (1)**

'~이 있다', '~을 가지고 있다'라는 뜻의 동사 '有'가 술어의 주요 성분인 문장을 말한다.

① 긍정형 [주어+有+목적어 / 주어+有+수사+양사+목적어]

我有自行车。 나는 자전거를 가지고 있어.
Wǒ yǒu zìxíngchē.

我有一辆自行车。 나는 자전거 한 대를 가지고 있어.
Wǒ yǒu yí liàng zìxíngchē.

② 부정형 [주어+没有+목적어]

我没有自行车。 나는 자전거를 가지고 있지 않아.
Wǒ méiyǒu zìxíngchē.

③ 의문형

你有自行车吗? 너 자전거 가지고 있니?
Nǐ yǒu zìxíngchē ma?

你有几辆自行车? 너는 자전거 몇 대를 가지고 있니?
Nǐ yǒu jǐ liàng zìxíngchē?

> 알아두자! 의문대명사 '几'가 있기 때문에 '吗'를 붙일 필요가 없다.

■ **1~10까지 숫자 세기**

0	1	2	3	4	5	6	7	8	9	10
零	一	二	三	四	五	六	七	八	九	十
líng	yī	èr	sān	sì	wǔ	liù	qī	bā	jiǔ	shí

■ **'一'의 성조 변화**

① 단독으로 쓰이거나, 서수로 쓰일 때는 제1성으로 읽는다.

一 yī | 第一 dì yī

② 다른 단어의 끝에 동반될 때는 제1성으로 읽는다.

十一 shíyī | 星期一 xīngqīyī

③ '一' 뒤에 제1성, 제2성, 제3성이 올 때는 제4성으로 읽는다.

一边 yìbiān | 一国 yì guó | 一本 yì běn

④ '一' 뒤에 제4성이나 제4성에서 변한 경성이 올 때는 제2성으로 읽는다.

一共 yígòng | 一个 yí ge

> 알아두자! '个'는 제4성에서 변한 경성이다.

■ 명량사(名量词)의 용법

양사(量词)란 사람이나 사물의 수량이나 동작의 횟수를 나타내는 품사를 말한다. 그중에서 명량사란 명사의 수를 셀 때 쓰는 양사로, '수사/지시대명사(这, 那)/几+양사+명사'의 형식으로 표현한다.

两只猫   고양이 두 마리
liǎng zhī māo

> 알아두자! 숫자 2는 양사 앞에 쓰일 때 '两'이라고 한다.

这本书   이 책
zhè běn shū

几辆自行车   자전거 몇 대
jǐ liàng zìxíngchē

중국어의 수사는 단독으로 명사를 수식하지 못하기 때문에 수사와 명사 사이에 양사가 필요하다. 하지만 명사를 생략하고 '수사+양사'로 표현할 수도 있다.

我有两本书。Wǒ yǒu liǎng běn shū. 나는 책 두 권을 가지고 있다.

→ 我有两本。(O)   我有两书。(X)

■ 자주 쓰는 명량사 (1)

사물이나 사람을 세는 양사	个 ge	一个人 yí ge rén 한 사람
사람을 세는 양사 [존칭의 의미가 있음]	位 wèi	这位老师 zhè wèi lǎoshī 이 선생님
서적을 세는 양사	本 běn	两本书 liǎng běn shū 책 두 권
납작하고 평평한 물건을 세는 양사	张 zhāng	这张桌子 zhè zhāng zhuōzi 이 책상
동물을 세는 양사	只 zhī	几只狗 jǐ zhī gǒu 개 몇 마리
손잡이가 있는 물건을 세는 양사	把 bǎ	五把雨伞 wǔ bǎ yǔsǎn 우산 다섯 개
차량을 세는 양사	辆 liàng	两辆自行车 liǎng liàng zìxíngchē 자전거 두 대
기계나 설비를 세는 양사	台 tái	四台冰箱 sì tái bīngxiāng 냉장고 네 대
치마나 바지를 세는 양사	条 tiáo	几条裙子 jǐ tiáo qúnzi 치마 몇 벌
집, 점포, 공장 등을 세는 양사	家 jiā	这家商店 zhè jiā shāngdiàn 이 상점

숨겨 둔 문장 실력

▶ 바꿔서 말해 보고, 이를 활용해 대화를 나눠 보세요. 🎧 07-04

하나 我有自行车。

笔记本电脑 bǐjìběn diànnǎo 노트북 컴퓨터
运动鞋 yùndòngxié 운동화
裙子 qúnzi 치마

> **실력 up!**
> A 你有自行车吗?
> B 我有自行车。

둘 我没有男朋友。

女朋友 nǚpéngyou 여자친구
外国朋友 wàiguó péngyou 외국 친구
数码相机 shùmǎxiàngjī 디지털카메라

> A 你有男朋友吗?
> B 我没有男朋友。

셋 我有两本汉语词典。

一台电视 yì tái diànshì TV 한 대
三把椅子 sān bǎ yǐzi 의자 세 개
五个苹果 wǔ ge píngguǒ 사과 다섯 개

> A 你有几本汉语词典?
> B 我有两本汉语词典。

단어 플러스

다양한 외국어

韩语 Hányǔ 한국어 | 英语 Yīngyǔ 영어 | 日语 Rìyǔ 일본어 | 俄语 Éyǔ 러시아어 | 法语 Fǎyǔ 프랑스어 | 德语 Déyǔ 독일어 | 西班牙语 Xībānyáyǔ 스페인어 | 阿拉伯语 Ālābóyǔ 아랍어

나만의 복습 다이어리

오늘은 동사 '有'를 사용해서 내가 무엇을 가지고 있다고 표현하는 법을 배웠어.
'有'자는 중국어를 배우기 전부터 알던 한자라 그런지 쉽게 이해가 되더라고.
나한테 있으면 '有', 없으면 '没有'. 그리고 '有' 뒤에는 숫자와 양사를 써서 몇 개가 있는지 표현할 수도 있지.

 내가 자전거를 가지고 있으면, 　我有自行车。Wǒ yǒu zìxíngchē.

자전거가 없으면, 　我没有自行车。Wǒ méiyǒu zìxíngchē.

다음은 양사에 대해 복습해 볼까?
'사전 세 권'은 '三本词典 sān běn cídiǎn'이라고 하면 돼. 한 단계 높여서 '중국어 사전 세 권'이라고 말하고 싶다면? 그럴 때는 '三本汉语词典 sān běn Hànyǔ cídiǎn'이라고 하면 되지!

잘했군, 잘했어!! 토닥토닥~~^^
그런데 여기서 조심해야 할 한 가지! 양사는 반드시 숫자 뒤에 써 줘야 한다는 거야.
예를 들어 '중국 지도 한 장'은 一张中国地图 yì zhāng Zhōngguó dìtú라고 해야 하는 거지.
중국어가 이렇게 재미있었다니!
얄미운 중국어, 왜 이제야 내 앞에 나타난 거야~ 미워 미워!!

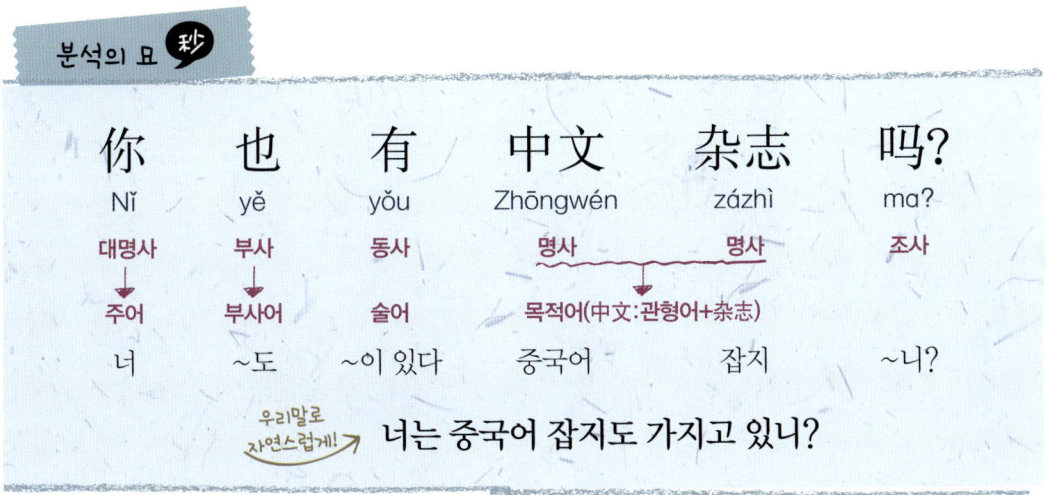

차근차근 실력 확인

1 잘 듣고 그림과 녹음 내용이 일치하면 O표, 일치하지 않으면 X표를 해 보세요. 🎧 07-05

❶

(   )

❷

(   )

❸

(   )

❹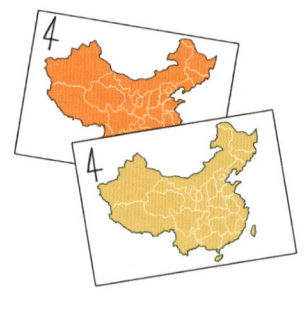

(   )

2 '车'와 같은 성조를 가진 단어를 찾아 한자와 한어병음을 써 보세요.

| 有 | 本 | 中 | 文 | 张 |
| 图 | 朋 | 一 | 地 | 三 |

❶ 한자 _____ 한어병음 _____

❷ 한자 _____ 한어병음 _____

❸ 한자 _____ 한어병음 _____

❹ 한자 _____ 한어병음 _____

3 대화가 완성될 수 있도록 문장을 알맞게 연결해 보세요.

① 你有几本汉语词典? 　　　　　　　　A 我有自行车。
　Nǐ yǒu jǐ běn Hànyǔ cídiǎn?　　　　　　Wǒ yǒu zìxíngchē.

② 你有自行车吗?　　　　　　　　　　B 我有一张中国地图。
　Nǐ yǒu zìxíngchē ma?　　　　　　　　　Wǒ yǒu yì zhāng Zhōngguó dìtú.

③ 你有几张中国地图?　　　　　　　　C 我没有男朋友。
　Nǐ yǒu jǐ zhāng Zhōngguó dìtú?　　　　 Wǒ méiyǒu nánpéngyou.

④ 你有男朋友吗?　　　　　　　　　　D 我有三本汉语词典。
　Nǐ yǒu nánpéngyou ma?　　　　　　　　Wǒ yǒu sān běn Hànyǔ cídiǎn.

4 한어병음을 참고하여 빈칸에 알맞은 한자를 쓰고, 문장 전체의 뜻을 써 보세요.

① Nǐ yě yǒu Zhōngwén zázhì ma?

| 你 | | | 中 | 文 | 杂 | 志 | 吗 | ? |

뜻: _____?

② Wǒ yǒu nán de péngyou.

| 我 | 有 | | | 朋 | 友 | 。 |

뜻: _____.

③ Wǒ yǒu sān běn Hànyǔ cídiǎn.

| 我 | 有 | | | 汉 | 语 | 词 | 典 | 。 |

뜻: _____.

④ Wǒ yǒu yì zhāng Zhōngguó dìtú.

| 我 | 有 | | | 中 | 国 | 地 | 图 | 。 |

뜻: _____.

발음·성조 클리닉

📄 j, q, x 발음을 연습해 보세요. 🎧 07-06

Step 1 기본 연습

j
- jian
- ju
- jue

q
- qian
- qu
- que

x
- xian
- xu
- xue

Step 2 확장 연습

j
- jiānqiáng
- juéxīn
- jǔxíng

q
- qiānxū
- qíjì
- qiǎngqiú

x
- xìngqù
- xīnqí
- xuǎnjǔ

Step 3 잰말놀이 연습

Qīxiàng qījiàng yòngle xīxiàng xījiàng de xī,

xīxiàng xījiàng nále qīxiàng qījiàng de qī.

간체자와 친해지기

✏️ 획순을 참고해서 간체자를 따라 써 보세요.

有 yǒu
一 ナ 才 有 有 有

自 zì
′ 亻 冂 白 自 自

行 xíng
′ ㇒ 彳 彳 行 行

车 chē
一 ㇐ 丰 车

男 nán
丨 冂 冋 冊 田 男 男

朋 péng
丿 月 月 月 肌 朋 朋 朋

友 yǒu
一 ナ 方 友

也 yě
㇇ 九 也

중국어 속으로 풍덩

한 단어 씩 NO! 문장을 통째로~

한 과 한 과 넘어가면서 점점 쌓여만 가는 단어들. 지금쯤이면 벌써 선생님의 주문량과 여러분의 따라감 사이에 틈이 생기고 있을지도 모르겠다. 한자(汉字)를 외우면 발음이 생각 안 나고, 발음이 생각나면 성조가 틀리고……. 단어를 외우는 그 순간에만 잠시 내 단어로 머물다가 5분만 지나도 낯설기만 한 글자들, 어찌 그리 봐도 봐도 새롭고 또 새로운지.

중국어 한자는 잘 알다시피 간체자(简体字 jiǎntǐzì)이다. 그래서인지 어떤 글자는 그림 같기도 하고, 어떤 글자를 보면 '지금 장난치나?' 싶은 생각이 들기도 한다. 발음과 성조만으로도 어려운데 한자까지 외우려니 그야말로 삼중고(三重苦)가 아니겠는가! 누구 말처럼 책을 베개 삼아 머리 밑에 깔고 자면 밤새 다 외워질까?

책을 던져버리고 싶은 마음이 굴뚝 같으나 그래도 어쩌랴! 내 공부인데 내가 해야지. 그렇다면 조금 똑똑한 방법을 선택해 보자. 중국어 단어를 외울 때는 '삼위일체'로 외워야 한다. 이 말은 '한자+발음+성조'를 한 세트로 정확히 외워야 한다는 뜻으로, 예를 들어 '中国'이라는 단어를 외울 때는 '中国 Zhōngguó 중국'이라고 외워야 한다는 것이다.

그리고 단어를 외울 때는 관련 단어를 연결시켜 외우는 것도 좋다. '中国'이란 단어를 외울 때 '中国'만 외우는 것이 아니라, '去中国 qù Zhōngguó 중국에 가다', '中国人 Zhōngguó rén 중국인'처럼 단어를 확장해서 외우는 것이다. 이렇게 하면 어휘 실력도 향상되고 응용 능력도 생긴다.

앞에서 연습한 두 가지 방법에 익숙해졌다면 이젠 문장을 통째로 외우는 연습을 해 보자. '中国'을 외우면서 '我去中国。Wǒ qù Zhōngguó.'까지 외우는 거다. 이런 식으로 외우면 동시에 여러 단어를 외울 수 있고, 무엇보다 회화 능력이 길러진다. 회화를 잘하려면 문장을 많이 외우고 있어야 하기 때문이다.

여러분 중에는 "단어 하나도 외우기 힘든데 문장까지 어떻게 외워요?!" 하고 버럭하실 분도 있겠지만, 몇 번만 연습해 보면 문장으로 외우는 것이 훨씬 더 쉽고 잘 외워진다는 것을 알게 될 것이다. 단어로 외우면 잘 잊어버리지만 문장으로 외운 것은 기억이 오래간다. 못 믿으시겠다고요? 한번 해 보시라니까요!

08

我家有四口人。
Wǒ jiā yǒu sì kǒu rén.

우리 집은 네 식구야.

학습 포인트

- 우리 가족에 대해 말해 보자.
- 10 이상의 숫자를 활용해 보자.
- 정반의문문으로 질문해 보자.

 나의 회화 수첩

상황 1 형제자매가 있니? 🎧 08-01

青青 **你有哥哥吗?**
Nǐ yǒu gēge ma?

乐天 **我没有哥哥，有姐姐。**
Wǒ méiyǒu gēge, yǒu jiějie.

哥哥 gēge 명 오빠, 형

상황 2 난 외동딸인데 넌? 🎧 08-02

松怡 **你有没有兄弟姐妹?**
Nǐ yǒu méiyǒu xiōngdìjiěmèi?

珍珠 **没有，我是独生女，你呢?**
Méiyǒu, wǒ shì dúshēngnǚ, nǐ ne?

松怡 **我有一个弟弟。**
Wǒ yǒu yí ge dìdi.

兄弟姐妹 xiōngdìjiěmèi 명 형제자매 | 独生女 dúshēngnǚ 명 외동딸 ↔ 独生子 dúshēngzǐ 외아들 | 个 gè 양 명, 개 [사람, 사물을 세는 단위]

우리 식구를 소개할게요. 🔊 08-03

民俊 **你家有几口人?**
Nǐ jiā yǒu jǐ kǒu rén?

松怡 **我家有四口人。**
Wǒ jiā yǒu sì kǒu rén.

民俊 **你家有什么人?**
Nǐ jiā yǒu shénme rén?

松怡 **我家有爸爸、妈妈、弟弟和我。**
Wǒ jiā yǒu bàba、māma、dìdi hé wǒ.

家 jiā 명 집 | 口 kǒu 양 명, 마리 [사람이나 가축을 세는 단위] | 四 sì 수 4, 넷 | 和 hé 접 ~와, ~과

어법 노하우 대 공개

■ '有'를 쓰는 술어문 (2)

가족, 형제자매, 친구 등이 있음을 표현할 때 동사 '有'를 사용한다.

① 긍정형

我有姐姐。 나는 언니가 있어.
Wǒ yǒu jiějie.

我有两个姐姐。 나는 언니가 두 명 있어.
Wǒ yǒu liǎng ge jiějie.

② 부정형

我没有姐姐。 나는 언니가 없어.
Wǒ méiyǒu jiějie.

③ 의문형

你有姐姐吗? 너는 언니가 있니?
Nǐ yǒu jiějie ma?

你有几个姐姐? 너는 언니가 몇 명 있어?
Nǐ yǒu jǐ ge jiějie?

■ 10 이상의 숫자 세기

10	20	60	80	90	99	100
十	二十	六十	八十	九十	九十九	一百
shí	èrshí	liùshí	bāshí	jiǔshí	jiǔshíjiǔ	yìbǎi
101	110	130	200	1000	2000	20000
一百零一	一百一十	一百三十	二百 / 两百	一千	两千	两万
yìbǎi líng yī	yìbǎi yìshí	yìbǎi sānshí	èrbǎi / liǎngbǎi	yìqiān	liǎngqiān	liǎngwàn

■ 자주 쓰는 명량사 (2)

잔 또는 컵을 세는 양사	杯 bēi	一杯水 yì bēi shuǐ 물 한 잔
서적이나 영화를 세는 양사	部 bù	这部电影 zhè bù diànyǐng 이 영화
옷이나 일에 쓰는 양사	件 jiàn	那件衣服 nà jiàn yīfu 저 옷
사람이나 돼지를 세는 양사	口 kǒu	四口人 sì kǒu rén 네 식구
덩이로 된 물건을 세는 양사	块 kuài	三块面包 sān kuài miànbāo 빵 세 조각

■ 二 vs 两 vs 俩

二	两	俩
기수와 서수로 쓰인다.	양사를 동반하여 명사의 수량이나 동작의 횟수를 표현한다.	'两个'를 합친 단어로, '두 사람'의 뜻으로만 쓰인다.
二号 èr hào 2일 第二名 dì èr míng 2등	两个人 liǎng ge rén 두 사람 两只狗 liǎng zhī gǒu 개 두 마리	我们俩 wǒmen liǎ 우리 둘 他们俩 tāmen liǎ 그들 둘

■ 정반의문문

동사나 형용사의 긍정형과 부정형을 병렬시켜 의문문을 만들 수 있다.

① 1음절 동사의 정반의문문

你有没有哥哥？ Nǐ yǒu méiyǒu gēge? 너는 형이 있니?

他去不去学校？ Tā qù bu qù xuéxiào? 그는 학교에 가니?

② 2음절 동사의 정반의문문

你喜(欢)不喜欢中国？ 너는 중국을 좋아하니?
Nǐ xǐ(huan) bu xǐhuan Zhōngguó?

③ 1음절 형용사의 정반의문문

你冷不冷？ Nǐ lěng bu lěng? 너 춥니?

她饿不饿？ Tā è bu è? 그녀는 배고프니?

④ 2음절 형용사의 정반의문문

你朋友漂(亮)不漂亮？ 네 친구는 예쁘니?
Nǐ péngyou piào(liang) bu piàoliang?

■ 접속사 '和'

'和'는 명사, 대명사, 명사화된 동사나 형용사 등을 병렬하거나 열거할 때 사용한다.

我和她是朋友。 나와 그녀는 친구예요.
Wǒ hé tā shì péngyou.

爷爷、奶奶、爸爸、妈妈和我。 할아버지, 할머니, 아빠, 엄마와 나.
Yéye, nǎinai, bàba, māma hé wǒ.

새 단어

学校 xuéxiào 몡 학교 | 冷 lěng 혱 춥다 | 饿 è 혱 배고프다 | 漂亮 piàoliang 혱 예쁘다, 아름답다

숨겨둔 문장 실력

▶ 바꿔서 말해 보고, 이를 활용해 대화를 나눠 보세요. 🎧 08-04

하나 我没有哥哥。

妹妹 mèimei 여동생
叔叔 shūshu 삼촌
姑姑 gūgu 고모

실력 up!

A 你有哥哥吗?
B 我没有哥哥。

둘 我有一个弟弟。

两个妹妹 liǎng ge mèimei 여동생 두 명
三个姐姐 sān ge jiějie 언니(누나) 세 명
四个哥哥 sì ge gēge 오빠(형) 네 명

A 你有没有兄弟姐妹?
B 我有一个弟弟。

셋 我家有四口人。

六 liù 6, 여섯
八 bā 8, 여덟
十二 shí'èr 12, 열둘

A 你家有几口人?
B 我家有四口人。

단어 플러스

가족 명칭

爷爷 yéye 할아버지 | 奶奶 nǎinai 할머니 | 姑姑 gūgu 고모 | 叔叔 shūshu 삼촌 | 姥爷 lǎoye 외할아버지 | 姥姥 lǎolao 외할머니 | 舅舅 jiùjiu 외삼촌 | 姨妈 yímā 이모 | 爸爸 bàba 아빠 | 妈妈 māma 엄마 | 哥哥 gēge 오빠, 형 | 姐姐 jiějie 누나, 언니 | 妹妹 mèimei 여동생 | 弟弟 dìdi 남동생

나만의 복습 다이어리

오늘은 가족과 관련된 표현을 배웠어.

'식구'라는 표현을 할 때는 양사를 '个'가 아니라 '口'를 써야 한대. 언젠가 어떤 영화에서 "식구란 같이 밥 먹는 사람이라는 뜻이여~"라는 대사가 나왔었는데, 그래서 입 구(口)자를 양사로 쓰는 건가? 하하하~~ 그럼 오늘도 실력 확인 한 번 해 볼까나~

 '나는 남동생이 한 명 있다.'는 표현은 我有一个弟弟。Wǒ yǒu yí ge dìdi.

그럼 '두 명'이 있다고 할 때는 '二个'라고 해야 하나? '两个'라고 해야 하나?
정답은 '两个'! 왜냐고? 선생님께서 그러셨잖아. 양사 앞에서 숫자 2는 两 liǎng 이라 한다고.
'两+양사+명사' 오케이! 입력했어!

그럼 접속사 '和'를 사용해서 한 문장 더 만들어 볼까?
'아빠, 엄마, 남동생과 나'는 爸爸、妈妈、弟弟和我。Bàba, māma, dìdi hé wǒ.

좋아! 좋아! '和'는 꼭 열거하는 마지막 단어 앞에 써 줘야 한대. 잊지말자!!

분석의 묘

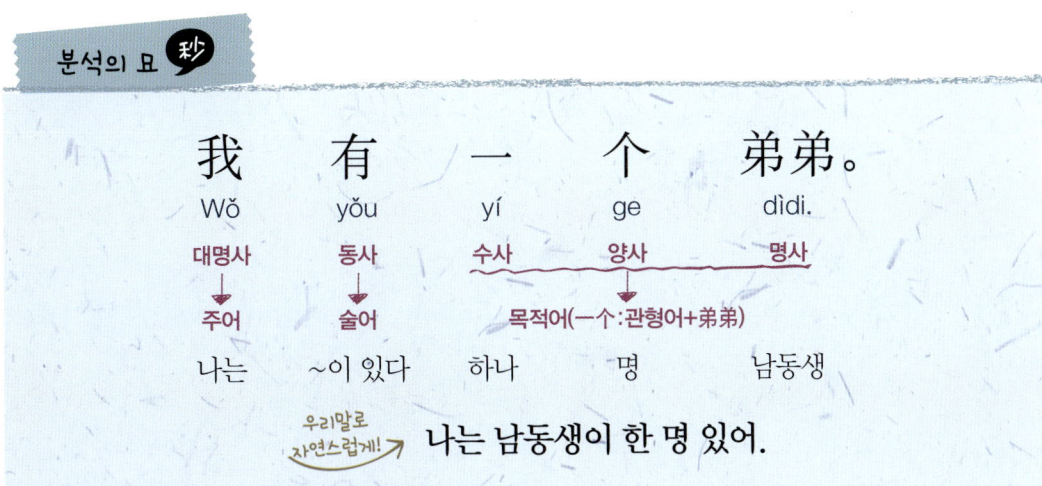

차근차근 실력 확인

1 잘 듣고 그림과 녹음 내용이 일치하면 O표, 일치하지 않으면 X표를 해 보세요. 🎧 08-05

❶

(   )

❷

(   )

❸

(   )

❹

(   )

2 '吗'와 같은 성조를 가진 단어를 찾아 한자와 한어병음을 써 보세요.

生	呢	没	和	么
弟	们	妈	爸	哥

❶ 한자 _____   한어병음 _____

❷ 한자 _____   한어병음 _____

❸ 한자 _____   한어병음 _____

3 대화가 완성될 수 있도록 문장을 알맞게 연결해 보세요.

① 你有哥哥吗?
Nǐ yǒu gēge ma?

② 你有几个弟弟?
Nǐ yǒu jǐ ge dìdi?

③ 你家有几口人?
Nǐ jiā yǒu jǐ kǒu rén?

④ 你有没有兄弟姐妹?
Nǐ yǒu méiyǒu xiōngdìjiěmèi?

A 我家有四口人。
Wǒ jiā yǒu sì kǒu rén.

B 我没有哥哥。
Wǒ méiyǒu gēge.

C 没有，我是独生女。
Méiyǒu, wǒ shì dúshēngnǚ.

D 我有一个弟弟。
Wǒ yǒu yí ge dìdi.

4 한어병음을 참고하여 빈칸에 알맞은 한자를 쓰고, 문장 전체의 뜻을 써 보세요.

① Wǒ méiyǒu gēge, yǒu jiějie.

| 我 | | | | ， | 有 | 姐 | 姐 | 。 |

뜻: _____.

② Wǒ shì dúshēngnǚ, nǐ ne?

| 我 | 是 | 独 | 生 | 女 | ， | | | ？ |

뜻: _____?

③ Wǒ jiā yǒu sì kǒu rén.

| 我 | 家 | 有 | | | 人 | 。 |

뜻: _____.

④ Wǒ jiā yǒu bàba、māma、dìdi hé wǒ.

| 我 | 家 | 有 | | 、 | 妈 | 妈 | 、 | | | 我 | 。 |

뜻: _____.

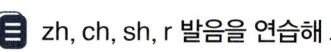 발음·성조 클리닉

zh, ch, sh, r 발음을 연습해 보세요.

Step 1 기본 연습

zh
zhe
zhan
zhuan

ch
che
chan
chuan

sh
she
shan
shuan

r
re
ran
ruan

Step 2 확장 연습

zh
zhàocháng
zhuāngshì
zhōngrì

ch
chūshēng
chuánrǎn
chéngzhī

sh
shēngrì
shēchǐ
shāngrén

r
ránshāo
rénshēng
rìcháng

Step 3 잰말놀이 연습

Dàchē lā xiǎochē, xiǎochē lā xiǎo shítou,

shítou diàoxiàlái, zále xiǎojiǎo zhǐtou.

간체자와 친해지기

✏️ 획순을 참고해서 간체자를 따라 써 보세요.

哥 gē
一 丅 丆 可 可 픈 哥 哥 哥

弟 dì
丶 ⺍ 丷 弟 弟

姐 jiě
⼃ 乚 女 女 如 如 姐 姐 姐

妹 mèi
⼃ 乚 女 女 妒 妹 妹 妹

没 méi
丶 ⺀ 氵 氵 沒 沒 没

和 hé
一 二 千 禾 禾 利 和 和

两 liǎng
一 丆 丌 丙 丙 两 两

家 jiā
丶 宀 宁 宁 宁 家 家 家 家

중국문화 속으로 풍덩

아빠하고 야자타임?

평소에는 눈도 잘 못 맞추는 하늘 같은 선배와 같이 간 MT에서의 야자타임.
"고소미! 너 말이야, 뭐 믿고 그렇게 갑질이니? 중국어도 나보다 못하면서 까불고 있어!"
"김철수! 우리 과 여학생들이 다 너 좋아한다고 착각하지 말고, 당장 철수해라~ 철수해!"
이 순간이 지나면 죽어라 깨질지라도 후배들에게 있어 야자타임은 꿈 같은 시간으로, 평소 감정이 많이 상해 있었다면 이 절호의 기회를 절대 놓칠 수 없을 것이다. 그러나 야자타임은 야자타임일 뿐, 현실로 돌아오면 바로 선배 발밑으로 원상 복귀해야 하는 아픔이 있다.

그런데 우연히 중국에서 텔레비전 방송을 보다가 "헉!"하고 멈추게 되는 사건이 있었으니, 새파란 딸이 자기 아빠랑 야자타임을 하는 것이 아닌가!
중국에서는 설마 아빠하고도 야자타임을 하는 건가? 정말 그렇다면
인기검색어 1위로 등극하고도 남을 텐데…… 뭐지? 뭐지?

알고 보니 그들은 일상적인 대화를 하고 있던 것! 우리의 정서로 보면 살짝 이해하기
힘들 수 있지만, 중국에서는 부녀(父女)지간이나 모자(母子)지간에
자식이 부모의 이름을 부르기도 한다. 부부 사이에 이름을 부르는 것도 일상다반사이고,
그러다 보니 며느리나 사위가 각각 시부모와 장인·장모를 부를 때도 자신의 부모를 부를 때와 마찬가지로
'妈妈 māma, 爸爸 bàba'라 부르고, 시어머니는 며느리 이름을, 장모 역시 다정하게 사위 이름을 부른다.

중국인들의 이름 부르기는 회사에서도 계속된다. 회사 내에서 아랫사람은 보통 상사의 이름에 직함을 붙여 부르지만, 윗사람이 부하 직원을 부를 때는 성씨 앞에 '小 xiǎo'나 '老 lǎo'를 붙여 부르거나 편하게 이름을 부르기도 한다. 때에 따라서는 부하 직원이 친한 상사의 이름을 직접 부르는 경우도 있다.
학교 선후배 사이에서도 우리처럼 '누구누구 선배님'이 아닌 서로의 이름을 부르곤 한다. 또한 잘 아는 언니나 오빠에게는 성(姓)에 '姐 jiě'나 '哥 gē'를 붙여 부른다.

호칭에 너무 얽매이지 않고 자유스러워서 그런지, 중국의 집안 분위기나 회사 분위기는 우리보다는 조금 더 유연해 보인다. 이들이 서로 이름을 부르고 호칭을 안 붙인다고 해서 위계질서가 없는 것은 아니다. 나름의 위계질서 속에서 호칭이나 직함 대신 이름이 오고가는 것일 뿐이니 막장드라마를 연상하는 일은 없었으면 한다.

09

我姐姐很漂亮。
Wǒ jiějie hěn piàoliang.

우리 누나는 예뻐.

학습 포인트

- 형용사술어문으로 누군가를 묘사해 보자.
- 정도부사를 활용해서 좀 더 풍부하게 표현해 보자.
- '怎么样'으로 상대방의 생각을 물어 보자.

 **나의 회화 수첩**

상황 1 누난 너무 예뻐~ 09-01

青青: 你姐姐漂亮吗?
Nǐ jiějie piàoliang ma?

乐天: 我姐姐很漂亮。
Wǒ jiějie hěn piàoliang.

漂亮 piàoliang 형 예쁘다, 아름답다 | 很 hěn 부 아주

상황 2 옷에 대해 한 마디 09-02

金泰山: 这件衣服怎么样?
Zhè jiàn yīfu zěnmeyàng?

张金喜: 这件衣服不好看。
Zhè jiàn yīfu bù hǎokàn.

金泰山: 那件呢?
Nà jiàn ne?

张金喜: 那件非常好看。
Nà jiàn fēicháng hǎokàn.

件 jiàn 양 건, 개 [일이나 옷을 세는 단위] | 衣服 yīfu 명 옷 | 怎么样 zěnmeyàng 대 어떻다, 어떠하다 [주로 의문문에 쓰임] | 好看 hǎokàn 형 예쁘다, 보기 좋다 | 非常 fēicháng 부 아주, 대단히

상황 3 우리 아빠 회사는 말이야~ 🎧 09-03

民俊 **你爸爸的公司大不大？**
Nǐ bàba de gōngsī dà bu dà?

松怡 **我爸爸的公司不太大。**
Wǒ bàba de gōngsī bú tài dà.

民俊 **员工多不多？**
Yuángōng duō bu duō?

松怡 **不多，有十五个人。**
Bù duō, yǒu shíwǔ ge rén.

民俊 **他们都是韩国人吗？**
Tāmen dōu shì Hánguó rén ma?

松怡 **不，也有外国人。**
Bù, yě yǒu wàiguórén.

公司 gōngsī 명 회사 | 大 dà 형 크다, 나이가 많다 ↔ 小 xiǎo 작다, 나이가 어리다 | 不太 bú tài 그리 ~하지 않다 | 员工 yuángōng 명 직원 | 多 duō 형 많다 ↔ 少 shǎo 적다 | 十五 shíwǔ 수 15 | 他们 tāmen 대 그들 ↔ 她们 tāmen 그녀들 ▶남녀가 섞여 있을 때는 '他们'을 쓴다. | 都 dōu 부 모두, 다 | 外国人 wàiguórén 외국인

어법 노하우 대 공개

■ 형용사술어문

형용사가 술어로 쓰여 '주어가 어떠하다'라고 묘사하거나 설명하는 문형을 말한다. 술어인 형용사 앞에는 주로 부사 '很'이 더해지며, 형용사술어문을 부정할 때는 부정부사 '不'를 사용한다.

① 긍정형 [주어+很+형용사]

她很漂亮。 그녀는 예뻐요.
Tā hěn piàoliang.

② 부정형 [주어+不+형용사]

她不漂亮。 그녀는 예쁘지 않아요.
Tā bú piàoliang.

③ 의문형

她漂亮吗? 그녀는 예쁜가요?
Tā piàoliang ma?

형용사술어문에 쓰이는 정도부사 '很'은 정도의 의미를 나타내지 않으므로 '매우'라고 강조하여 해석하지 않는다. 그러나 '很'이 동사 앞에 쓰일 때는 반드시 해석해 주어야 한다.

他很帅。 그는 잘생겼어요.
Tā hěn shuài.

我很喜欢他。 나는 그를 아주 좋아해요.
Wǒ hěn xǐhuan tā.

■ '怎么样'을 사용한 의문문

상대방의 생각이나 사물의 상태 등에 대해 물을 때는 의문대명사 '怎么样'을 사용한다.

这条裤子怎么样? 이 바지 어때?
Zhè tiáo kùzi zěnmeyàng?

我们喝咖啡，怎么样? 우리 커피 마시는 거 어때?
Wǒmen hē kāfēi, zěnmeyàng?

他的汉语怎么样? 그의 중국어 실력은 어때?
Tā de Hànyǔ zěnmeyàng?

■ 정도부사

사람이나 사물의 수준이나 정도를 나타낼 때 쓰는 부사로, 주로 형용사나 심리 활동을 나타내는 동사 앞에 쓰인다.

很 hěn 아주 | 挺 tǐng 매우 [挺……的 형식으로 쓰임] | 太 tài 너무 [太……了 le 형식으로 쓰임] | 非常 fēicháng 아주 | 真 zhēn 정말로 | 比较 bǐjiào 비교적 | 十分 shífēn 대단히 | 最 zuì 가장 | 特别 tèbié 특별히, 아주 | 相当 xiāngdāng 상당히

这个太好吃了。 Zhè ge tài hǎochī le. 이거는 너무 맛있어요.
他挺忙的。 Tā tǐng máng de. 그는 매우 바빠요.
你真棒！ Nǐ zhēn bàng! 넌 정말 멋져!

■ 부사 '都', '也'

부사 '都 dōu'는 '모두', '전부'라는 뜻으로, 범위를 나타낸다. 복수인 주어 뒤에 사용할 수 있다.

我都是外国人。(X)
Wǒ dōu shì wàiguórén.

他们都是外国人。(O) 그들은 모두 외국인이다.
Tāmen dōu shì wàiguórén.

부사 '也'는 '~도'라는 뜻으로, 중복을 나타낸다. 단수와 복수인 주어에 모두 쓸 수 있다.

我也是老师。(O) 나도 선생님이다.
Wǒ yě shì lǎoshī.

他们也是老师。(O) 그들도 선생님이다.
Tāmen yě shì lǎoshī.

문장에 '都'와 '也'가 동시에 등장할 경우에는 '也都'의 순으로 써 준다.

他们也都是老师。 그들도 모두 선생님이다.
Tāmen yě dōu shì lǎoshī.

새 단어

帅 shuài 형 잘생기다, 멋지다 | 裤子 kùzi 명 바지 | 咖啡 kāfēi 명 커피 | 好吃 hǎochī 형 맛있다 | 忙 máng 형 바쁘다 | 棒 bàng 형 훌륭하다

숨겨 둔 문장 실력

▶ 바꿔서 말해 보고, 이를 활용해 대화를 나눠 보세요. 🎧 09-04

하나 我姐姐很**漂亮**。

    可爱 kě'ài 귀엽다
    热情 rèqíng 다정하다
    聪明 cōngming 똑똑하다

실력 Up!
A 你姐姐**漂亮**吗?
B 我姐姐很**漂亮**。

둘 那件**非常**好看。

    真 zhēn 정말
    特别 tèbié 아주
    最 zuì 가장

A 那件怎么样?
B 那件**非常**好看。

셋 **我爸爸的公司**不太大。

    这个房间 zhè ge fángjiān 이 방
    我们学校 wǒmen xuéxiào 우리 학교
    那个动物园 nà ge dòngwùyuán 저 동물원

A 你爸爸的公司大不大?
B 我爸爸的公司不太大。

단어 플러스

그녀(그)를 표현하는 형용사

帅 shuài 잘생기다 | 美丽 měilì 아름답다 | 大方 dàfang 대범하다 | 笨 bèn 멍청하다 | 勤快 qínkuài 부지런하다
懒 lǎn 게으르다 | 可怜 kělián 가엾다 | 丑 chǒu 못생기다 | 小气 xiǎoqì 옹졸하다 | 可爱 kě'ài 귀엽다

나만의 복습 다이어리

오늘은 '사람이 어떻다' 또는 '물건이 어떻다'라고 묘사할 때 쓰는 '형용사술어문'을 배웠다는 말씀.
형용사술어문의 기본 형식은 '주어+很+형용사'인데, 여기서 '很'은 굳이 해석을 안 해줘도 된대.
만약 '很' 자리에 다른 정도부사가 들어가면? 그럴 때는 해석해 주는 게 맞는 거고.
조금 헷갈리기 시작하는데, 예문으로 다시 정리해 볼까?

'우리 언니는 예쁘다.'는　　我姐姐很漂亮。Wǒ jiějie hěn piàoliang.

'우리 언니는 아주 예쁘다.'는　　我姐姐非常漂亮。Wǒ jiějie fēicháng piàoliang.

이제 형용사술어문의 부정형에 대해서 복습해 보자고.

'회사가 크지 않다.'라는 표현은　　公司不大。Gōngsī bú dà.

'회사가 별로 크지 않다.'라고 하려면　　公司不太大。Gōngsī bú tài dà.

한 단계 더 발전시켜서 '우리 아빠 회사는 별로 크지 않다'라고 하고 싶다면?
'我爸爸的公司不太大。Wǒ bàba de gōngsī bú tài dà.'가 되는 거지~

야홋! 그분이 오신 게야~~~

분석의 묘

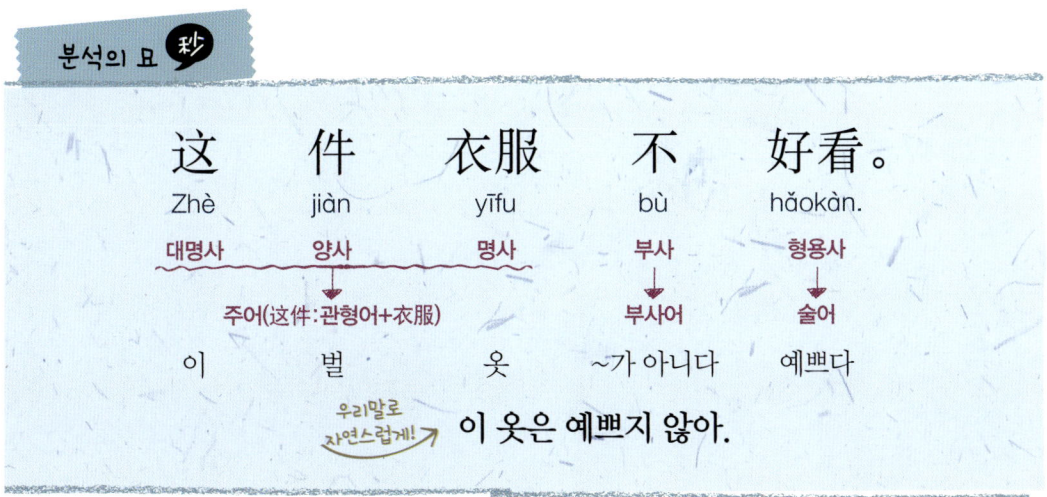

这　　件　　衣服　　不　　好看。
Zhè　jiàn　yīfu　　bù　hǎokàn.
대명사　양사　명사　　부사　형용사
　　주어(这件:관형어+衣服)　　부사어　술어
이　　벌　　옷　　~가 아니다　예쁘다

우리말로 자연스럽게! 이 옷은 예쁘지 않아.

차근차근 실력 확인

1 잘 듣고 그림과 녹음 내용이 일치하면 O표, 일치하지 않으면 X표를 해 보세요. 🎧 09-05

❶ (   )

❷ (   )

❸ (   )

❹ (   )

2 '看'과 같은 성조를 가진 단어를 찾아 한자와 한어병음을 써 보세요.

| 太 | 衣 | 件 | 多 | 都 |
| 非 | 外 | 也 | 漂 | 五 |

❶ 한자 _____   한어병음 _____
❷ 한자 _____   한어병음 _____
❸ 한자 _____   한어병음 _____
❹ 한자 _____   한어병음 _____

3 대화가 완성될 수 있도록 문장을 알맞게 연결해 보세요.

❶ 那件呢?
　Nà jiàn ne?

❷ 员工多不多?
　Yuángōng duō bu duō?

❸ 你爸爸的公司大不大?
　Nǐ bàba de gōngsī dà bu dà?

❹ 你姐姐漂亮吗?
　Nǐ jiějie piàoliang ma?

A 我爸爸的公司不太大。
　Wǒ bàba de gōngsī bú tài dà.

B 我姐姐很漂亮。
　Wǒ jiějie hěn piàoliang.

C 不多。
　Bù duō.

D 那件非常好看。
　Nà jiàn fēicháng hǎokàn.

4 한어병음을 참고하여 빈칸에 알맞은 한자를 쓰고, 문장 전체의 뜻을 써 보세요.

❶ Wǒ jiějie hěn piàoliang.

| 我 | 姐 | 姐 | | | 。|

뜻 : _____.

❷ Zhè jiàn yīfu bù hǎokàn.

| 这 | 件 | 衣 | 服 | | | 。|

뜻 : _____?

❸ Tāmen dōu shì Hánguó rén ma?

| 他 | 们 | | | 韩 | 国 | 人 | 吗 | ? |

뜻 : _____?

❹ Wǒ bàba de gōngsī bú tài dà.

| 我 | 爸 | 爸 | 的 | 公 | 司 | | | 。|

뜻 : _____.

발음·성조 클리닉

📖 z, c, s 발음을 연습해 보세요. 🎧 09-06

Step 1 기본 연습

z
- zai
- zui
- zong

c
- cai
- cui
- cong

s
- sai
- sui
- song

Step 2 확장 연습

z
- zèngsòng
- zǒusī
- zhīchí

c
- cǎisè
- cāozòng
- cúnzài

s
- sùzào
- sǎozi
- sùcài

Step 3 잰말놀이 연습

Sījī mǎi cíjī, zǐxì kàn cíjī,

sì zhī xiǎo cíjī, jījī hǎo huānxǐ,

sījī xiàoxīxī.

간체자와 친해지기

✏️ 획순을 참고해서 간체자를 따라 써 보세요.

漂 piào
丶丶氵氵汒汒汒洒洒洒漂漂漂

亮 liàng
丶亠亠高亭亭亮

很 hěn
丶勹彳彳彳彳彳很很

衣 yī
丶亠亠亠衣衣

服 fú
丿月月月肋肝服服

件 jiàn
丿亻亻仁件件

公 gōng
丿八公公

司 sī
𠃌㇇司司司

중국 요리 기행 ①

 베이징 요리 (京菜 Jīngcài)

베이징 요리는 '京菜 Jīngcài'라 부르며, 북방 요리를 그 기본으로 하고 있다. 베이징은 연(燕 Yān)·요(遼 Liáo)·금(金 Jīn)·원(元 Yuán)·명(明 Míng)·청(清 Qīng)조'를 거쳐 현재까지 '수도'라는 특수한 위치로 인해 정치·군사 중심지로서의 역할을 하다 보니 '만한전석(满汉全席 Mǎnhànquánxí)과 같은 궁중요리가 발달하게 되었다. 대표적인 베이징 요리에는 '오리구이(烤鸭 kǎoyā)'와 '양고기 샤브샤브(涮羊肉 shuànyángròu)'가 있다. 베이징 요리에는 고기가 많이 들어가며, 튀기거나(炸 zhá), 굽고(烤 kǎo), 졸이는(烧 shāo) 요리법이 주를 이룬다.

北京烤鸭 Běijīng kǎoyā

满汉全席 Mǎnhànquánxí

涮羊肉 shuànyángròu

 상하이 요리 (本帮菜 Běnbāngcài)

20세기 초, 상하이에는 열강의 침입과 태평천국(太平天国)의 영향으로 장쑤(江苏 Jiāngsū), 저장(浙江 Zhèjiāng) 일대의 난민이 대량 유입되면서 여러 지방의 요리가 혼재하고 있었다. '本帮菜 Běnbāngcài'는 당시 상하이 사람들이 '상하이 현지 요리'를 다른 지역 요리와 차별화하기 위해 부르기 시작한 이름이다. 상하이 요리의 특징은 기름과 장, 설탕을 많이 쓰고, 원재료의 맛을 살리는 데 중점을 둔다. 특히 상하이 요리 중에서 빼놓을 수 없는 것으로는 가을철에서 겨울철까지만 맛볼 수 있는 민물게 요리(大闸蟹 dàzháxiè)이다.

红烧回鱼 hóngshāohuíyú

大闸蟹 dàzháxiè

小笼包 xiǎolóngbāo

10

爸爸去出差。
Bàba qù chūchāi.

아빠는 출장을 가셔.

학습 포인트

- 연동문(连动句)으로 동작을 표현해 보자.
- 개사 '在' 뒤에 장소를 넣어 말해 보자.
- 부정양사 '点儿', '些'를 활용해 대화해 보자.
- '儿化'로 중국인처럼 유창하게 말해 보자.

나의 회화 수첩

상황 1 이번 주말에는 무엇을 할까? 🎧 10-01

民俊 **这个周末你做什么?**
　　　Zhège zhōumò nǐ zuò shénme?

松怡 **我想去旅游，你呢?**
　　　Wǒ xiǎng qù lǚyóu, nǐ ne?

民俊 **我想在家休息。**
　　　Wǒ xiǎng zài jiā xiūxi.

这个 zhège 대 이, 이것 | **周末** zhōumò 명 주말 | **想** xiǎng 조동 ~하고 싶다 | **去** qù 동 가다 | **旅游** lǚyóu 동 여행하다 | **在** zài 개 ~에서 | **休息** xiūxi 동 쉬다, 휴식하다

상황 2 아빠는 어디로 출장을 가실까요? 🎧 10-02

青青 **你爸爸常常去出差吗?**
　　　Nǐ bàba chángcháng qù chūchāi ma?

乐天 **我爸爸常常去出差。**
　　　Wǒ bàba chángcháng qù chūchāi.

青青 **你爸爸去哪儿出差?**
　　　Nǐ bàba qù nǎr chūchāi?

乐天 **他去中国出差。**
　　　Tā qù Zhōngguó chūchāi.

常常 chángcháng 부 자주 ▶부정형 **不常** bù cháng | **出差** chūchāi 동 출장 가다

 마트로 Go~ Go~ 🎧 10-03

乐 天　**你去哪儿?**
　　　　Nǐ qù nǎr?

张金喜　**我去超市。**
　　　　Wǒ qù chāoshì.

乐 天　**你去超市买点儿什么?**
　　　　Nǐ qù chāoshì mǎi diǎnr shénme?

张金喜　**我去那儿买点儿吃的。**
　　　　Wǒ qù nàr mǎi diǎnr chī de.

乐 天　**你还想买什么?**
　　　　Nǐ hái xiǎng mǎi shénme?

张金喜　**我还想买些饮料。**
　　　　Wǒ hái xiǎng mǎi xiē yǐnliào.

超市 chāoshì 명 슈퍼마켓 | 买 mǎi 동 사다 ↔ 卖 mài 팔다 | 点儿 diǎnr 양 약간, 조금 | 吃 chī 동 먹다 ▶吃的 chī de 먹을 것 | 还 hái 부 또, 아직 | 些 xiē 양 약간, 조금 | 饮料 yǐnliào 명 음료

10 爸爸去出差。　115

어법 노하우 대 공개

■ **연동문**

'연동문(连动句)'이란 한 문장에 두 개 이상의 동사(구)가 연달아 나오는 문형을 말한다.

① 주어+동사 1+동사 2

爸爸去出差。　아빠는 출장 가신다.
Bàba qù chūchāi.

我们去玩儿。　우리는 놀러 간다.
Wǒmen qù wánr.

他们去打篮球。　그들은 농구하러 간다.
Tāmen qù dǎ lánqiú.

② 주어+동사 1+장소+동사 2

〈알아두자!〉 이때 동사 2는 동사 1의 목적을 나타낸다.

哥哥去图书馆学习。　오빠는 도서관으로 공부하러 간다.
Gēge qù túshūguǎn xuéxí.

他们去餐厅吃饭。　그들은 식당으로 밥 먹으러 간다.
Tāmen qù cāntīng chīfàn.

我去超市买东西。　나는 슈퍼마켓으로 물건을 사러 간다.
Wǒ qù chāoshì mǎi dōngxi.

■ **개사 '在': ~에서**

'在'는 개사로 쓰여 장소를 동반한다.

我在家看电视。　나는 집에서 텔레비전을 본다.
Wǒ zài jiā kàn diànshì.

爸爸在办公室工作。　아빠는 사무실에서 일하신다.
Bàba zài bàngōngshì gōngzuò.

■ **조동사 '想': ~하고 싶다**

'想'은 동사 앞에 쓰여 주어의 바람이나 희망사항을 표현한다. 부정형은 '不想'이다.

我想吃面包。　나는 빵을 먹고 싶어.
Wǒ xiǎng chī miànbāo.

我不想看电影。　나는 영화를 보고 싶지 않아.
Wǒ bù xiǎng kàn diànyǐng.

■ 조사 '的' (2)

'的'는 동사, 형용사, 명사, 대명사 뒤에 쓰여 사람과 사물의 성질이나 재질 등을 나타내기도 한다.

这是金总的。　이것은 김 사장님의 것이에요.
Zhè shì Jīn zǒng de.

我喜欢红的。　나는 빨간 것이 맘에 들어요.
Wǒ xǐhuan hóng de.

我想买点儿喝的。　나는 마실 것을 좀 사고 싶어요.
Wǒ xiǎng mǎidiǎnr hē de.

■ 부정(不定)양사

확실하게 몇 개라고 정해지지 않은 수량을 표현할 때는 부정양사를 사용한다. 자주 사용하는 부정양사로는 '点(儿) diǎn(r)'과 '些 xiē'가 있다. 둘 다 '약간'이라는 뜻을 나타내지만 '点(儿)'은 영어로 much, '些 xiē'는 many에 해당한다고 볼 수 있다. 이들은 보통 수사 '一'나 지시대명사 '这', '那'와 함께 쓰인다. 수사 '一'는 생략할 수 있다.

买(一)点儿东西　mǎi (yì)diǎnr dōngxi　물건을 좀 사다

这点儿钱　zhè diǎnr qián　이 정도의 돈

一些书　yìxiē shū　책 몇 권

那些朋友　nàxiē péngyou　그 친구들

■ 儿화 현상

단어의 마지막 음절에 '儿 er'을 붙여 발음을 부드럽게 굴려 주는 현상으로 회화에서 많이 쓰인다. '儿화'는 품사를 구분하는 용도로 쓰이기도 하고, 때로는 친근한 느낌이나 귀여운 것을 표현하기도 한다. 한어병음의 끝음절에 'r'을 붙인다.

小孩儿 xiǎoháir 아이 ｜ 空儿 kòngr 짬, 여유 ｜ 公园儿 gōngyuánr 공원

花儿 huār 꽃 ｜ 土豆丝儿 tǔdòusīr 감자채 ｜ 电影儿 diànyǐngr 영화

새 단어

玩儿 wánr 동 놀다 ｜ 打篮球 dǎ lánqiú 농구를 하다 ｜ 图书馆 túshūguǎn 명 도서관 ｜ 餐厅 cāntīng 명 식당
吃饭 chīfàn 동 밥을 먹다 ｜ 东西 dōngxi 명 물건 ｜ 电视 diànshì 명 텔레비전 ｜ 办公室 bàngōngshì 명 사무실
面包 miànbāo 명 빵 ｜ 美国 Měiguó 고유 미국 ｜ 红 hóng 형 빨갛다, 붉다

숨겨 둔 문장 실력

▶ 바꿔서 말해 보고, 이를 활용해 대화를 나눠 보세요. 🎧 10-04

하나 我想去旅游。

　　玩儿 wánr 놀다
　　吃饭 chīfàn 밥을 먹다
　　打篮球 dǎ lánqiú 농구를 하다

실력 up!

A 这个周末你做什么?
B 我想去旅游。

둘 他去中国出差。

　　印度 Yìndù 인도
　　越南 Yuènán 베트남
　　瑞士 Ruìshì 스위스

A 你爸爸去哪儿出差?
B 他去中国出差。

셋 我去那儿买点儿吃的。

　　肉 ròu 고기
　　水果 shuǐguǒ 과일
　　东西 dōngxi 물건

A 你去超市买点儿什么?
B 我去那儿买点儿吃的。

단어 플러스

세계의 여러 나라

加拿大 Jiānádà 캐나다 | 德国 Déguó 독일 | 俄罗斯 Éluósī 러시아 | 西班牙 Xībānyá 스페인 | 意大利 Yìdàlì 이탈리아 | 阿根廷 Āgēntíng 아르헨티나 | 巴西 Bāxī 브라질 | 澳大利亚 Àodàlìyà 호주 | 英国 Yīngguó 영국 | 法国 Fǎguó 프랑스 | 美国 Měiguó 미국 | 日本 Rìběn 일본   ※ 3음절로 된 나라 이름을 읽을 때는 두 번째 음절을 경성으로 읽어 준다.

나만의 복습 다이어리

오늘은 간단하면서도 어려운 듯한 문형을 배웠는데 말이야. 그 이름하여 '연동문' 되시겠다. 선생님 말씀이 우리 한국인들은 보통 목적을 중시해서 '~로 ~하러(동사 1) 간다(동사 2)'라고 말하지만, 중국인들은 과정을 중시해서 '~에 가서(동사 1) ~를 한다(동사 2)'라고 말을 한대. 따라서 우리가 이 공식에 맞춰 중국어를 구사하면 중국어 회화가 훨씬 쉬워진다고 하셨어.
그럼 중국인의 생각으로 오늘 배운 내용을 한번 응용해 볼까?

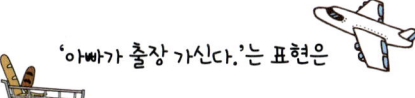

'아빠가 출장 가신다.'는 표현은　　爸爸去出差。 Bàba qù chūchāi.

'나는 마트로 먹을 것을 사러 간다.'는　　我去超市买吃的。 Wǒ qù chāoshì mǎi chī de.

출장은 어떤 곳으로 가야 이루어지는 동작이잖아. 그러니까 '去'를 먼저 써 준 다음에 '出差'를 써 주는 거야. 그리고 상식적으로 물건을 사려면 우선 마트로 가야하니까, '去超市'라고 써준 다음에 '买吃的'를 써 주는 거지.
오호!! 중국인의 생각을 이해하니까 말이 저절로 나오는데!
선생님이 그러셨어. 연동문을 잘 구사하면 회화 실력이 동해물 흐르듯 유창해진다고.
연동문~ 내 맘 속에 너! 있다~~^^

분석의 묘

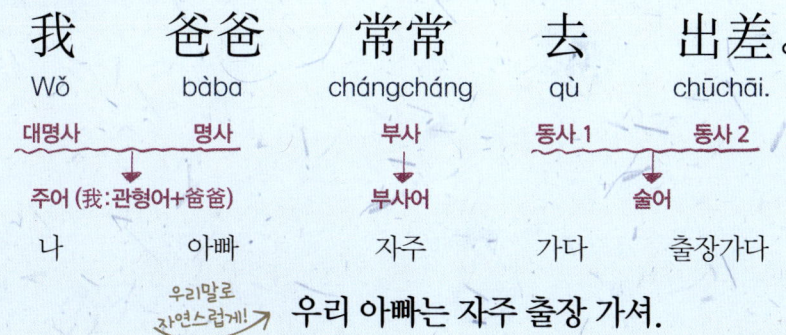

차근차근 실력 확인

1 잘 듣고 그림과 녹음 내용이 일치하면 O표, 일치하지 않으면 X표를 해 보세요. 🎧 10-05

❶ (   ) ❷ (   )

❸ (   ) ❹ (   )

2 '买'와 같은 성조를 가진 단어를 찾아 한자와 한어병음을 써 보세요.

想	休	游	点	出
去	饮	还	些	哪

❶ 한자 _____   한어병음 _____
❷ 한자 _____   한어병음 _____
❸ 한자 _____   한어병음 _____
❹ 한자 _____   한어병음 _____

3 대화가 완성될 수 있도록 문장을 알맞게 연결해 보세요.

① 这个周末你做什么?
Zhè ge zhōumò nǐ zuò shénme?

② 你爸爸常常去出差吗?
Nǐ bàba chángcháng qù chūchāi ma?

③ 你还想买什么?
Nǐ hái xiǎng mǎi shénme?

④ 你去哪儿?
Nǐ qù nǎr?

A 我爸爸常常去出差。
Wǒ bàba chángcháng qù chūchāi.

B 我想去旅游。
Wǒ xiǎng qù lǚyóu.

C 我去超市。
Wǒ qù chāoshì.

D 我还想买些饮料。
Wǒ hái xiǎng mǎi xiē yǐnliào.

4 한어병음을 참고하여 빈칸에 알맞은 한자를 쓰고, 문장 전체의 뜻을 써 보세요.

① Wǒ xiǎng zài jiā xiūxi.

| 我 | | | 休 | 息 | 。 |

뜻 : _____.

② Nǐ bàba qù nǎr chūchāi?

| 你 | 爸 | 爸 | | | 出 | 差 | ? |

뜻 : _____?

③ Wǒ qù nàr mǎi diǎnr chī de.

| 我 | 去 | 那 | 儿 | | | 吃 | 的 | 。 |

뜻 : _____.

④ Tā qù Zhōngguó chūchāi.

| 他 | | | 出 | 差 | 。 |

뜻 : _____.

 발음·성조 클리닉

📄 儿化를 연습해 보세요. 🎧 10-06

Step 1 기본 연습

i 탈락
一块儿	yíkuàir
盖儿	gàir
宝贝儿	bǎobèir

n 탈락
玩儿	wánr
一点儿	yìdiǎnr
门儿	ménr

ng 탈락
眼镜儿	yǎnjìngr
电影儿	diànyǐngr
空儿	kòngr

r 추가
哪儿	nǎr
歌儿	gēr
事儿	shìr

Step 2 잰말놀이 연습

Xiǎo gēr liǎ, hóng liǎndànr,

shǒu lā shǒur, yíkuàir wánr.

Xiǎo gēr liǎ, yí ge bānr,

yílù shàngxué chàngzhe gēr.

간체자와 친해지기

✏️ 획순을 참고해서 간체자를 따라 써 보세요.

| 周 zhōu | 丿 冂 月 冋 冏 周 周 周 |

| 末 mò | 一 二 丰 末 末 |

| 常 cháng | 丨 丷 丳 丵 丵 丵 常 常 常 常 |

| 出 chū | 丨 屮 屮 出 出 |

| 差 chāi | 丶 丷 丷 羊 兰 羊 差 差 差 |

| 去 qù | 一 十 土 去 去 |

| 点 diǎn | 丨 卜 占 占 卢 点 点 点 |

| 些 xiē | 丨 卜 忄 止 此 此 些 些 |

중국문화 속으로 풍덩

중국인의 빨간색 사랑

매년 12월 초에서 2월 말까지 중국의 상점가에는 '福 fú'와 관련된 상품들로 넘쳐난다. 종이공예부터 시작해서 십이지 띠를 형상화한 각종 인형과 간식거리까지 눈을 즐겁게 하는 기발한 것들이 정말 많은데, 특이한 것은 그 상품들의 포장지가 대부분 빨간색이라는 것! 마치 중국에는 빨간색밖에 없는 것처럼 말이다. 그렇다면 중국인들이 복을 기원하는 상품에 온통 이렇게 빨간색을 쓰는 이유가 무엇일까?

중국인들은 '빨간색'을 나쁜 기운을 물리치고, 길함과 복을 갖다 주는 색으로 여긴다. 그래서 중국어 단어 중에도 인기가 많거나 번성하는 것에는 '红 hóng'자가 많이 들어간다. 예를 들어 요즘 인기가 많은 배우한테는 '走红 zǒuhóng 인기가 있다, 잘나가다'라는 표현을 쓰고, 잘나가는 사람은 '大红人 dàhóngrén 인기인'이라 부른다.

중국인들의 빨간색 사랑은 여기서 그치지 않고, 좋은 일이 있을 때 축의금을 내는 봉투 또한 붉은색 봉투(红包 hóngbāo)를 이용한다. 이 밖에도 빨간색이 혁명을 나타내기도 해, 중국이 해방전쟁을 하던 시기 공산당이 이끌던 부대를 '红军 hóngjūn 홍군'이라 부르기도 했다.

그럼 노란색이나 검은색은 안 쓰느냐고? 쓰긴 쓰는데 노란색(黄色 huángsè)은 주로 음란물을 가리키는 단어에 쓰이고, 검은색(黑色 hēisè)은 뒷거래나 불법적인 일을 가리킬 때 많이 사용한다. 따라서 음란소설을 '黄色小说 huángsè xiǎoshuō'라 하고, 불법 영업 차량을 '黑车 hēichē'라 부르기도 한다.

나의 회화 수첩

상황 1 출신 묻기 🎧 11-01

金泰山 你哪儿人?
　　　　Nǐ nǎr rén?

李　总 我北京人。
　　　　Wǒ Běijīng rén.

北京人 Běijīng rén 베이징 사람 (출신) ▶ '哪儿人?'은 고향이 어디인지 묻는 표현이다.

상황 2 오늘은 몇 월 며칠, 무슨 요일? 🎧 11-02

青　青 今天几月几号?
　　　　Jīntiān jǐ yuè jǐ hào?

乐　天 今天六月八号。
　　　　Jīntiān Liùyuè bā hào.

青　青 星期几?
　　　　Xīngqī jǐ?

乐　天 星期天。
　　　　Xīngqītiān.

今天 jīntiān 몡 오늘 ｜ 月 yuè 몡 달 ｜ 号 hào 몡 일 ▶ 日 rì 일 ｜ 六 liù 주 6 ｜ 八 bā 주 8 ｜ 星期 xīngqī 몡 요일, 주 ｜
星期天 xīngqītiān 몡 일요일

 토요일에는 좋은 사람과 약속을~ 🎧 11-03

民俊 **你明天有时间吗?**
Nǐ míngtiān yǒu shíjiān ma?

松怡 **我明天没有时间，我很忙。**
Wǒ míngtiān méiyǒu shíjiān, wǒ hěn máng.

民俊 **那你什么时候有时间?**
Nà nǐ shénme shíhou yǒu shíjiān?

松怡 **我星期六才有时间。**
Wǒ xīngqīliù cái yǒu shíjiān.

民俊 **我们星期六去看电影，怎么样?**
Wǒmen xīngqīliù qù kàn diànyǐng, zěnmeyàng?

松怡 **好啊!**
Hǎo a!

明天 míngtiān 명 내일 | 时间 shíjiān 명 시간 | 忙 máng 형 바쁘다 | 什么时候 shénme shíhou 대 언제 | 星期六 xīngqīliù 명 토요일 | 才 cái 부 비로소 | 看 kàn 동 보다 | 电影 diànyǐng 명 영화 | 啊 a 조 문장 끝에서 긍정을 나타냄

어법 노하우 대 공개

■ 명사술어문

명사술어문은 문장에서 명사 또는 명사구가 술어로 쓰이는 문장을 말한다. 주로 시간, 월, 일, 나이, 출신 지역 등을 말할 때 사용한다. 부정형은 반드시 '不是'가 들어가는 것에 주의한다.

① 긍정형 [주어+명사(구)]

他北京人。 그는 베이징 사람이에요.
Tā Běijīng rén.

明天三月二十八号。 내일은 3월 28일이에요.
Míngtiān Sānyuè èrshíbā hào.

今天星期六。 오늘은 토요일이에요.
Jīntiān xīngqīliù.

② 부정형 [주어+不是+명사(구)]

他不是北京人。 그는 베이징 사람이 아니에요.
Tā bú shì Běijīng rén.

明天不是三月二十八号。 내일은 3월 28일이 아니에요.
Míngtiān bú shì Sānyuè èrshíbā hào.

今天不是星期六。 오늘은 토요일이 아니에요.
Jīntiān bú shì xīngqīliù.

■ 연도 읽기

연도를 읽을 때는 숫자를 하나씩 끊어서 읽어 준다.

1949년　一九四九年　yī jiǔ sì jiǔ nián

2008년　二零零八年　èr líng líng bā nián

■ 월, 일, 요일 표현

'월'을 나타낼 때는 '月 yuè'를 사용한다.

1월	2월	3월	4월	5월	6월
一月 Yīyuè	二月 Èryuè	三月 Sānyuè	四月 Sìyuè	五月 Wǔyuè	六月 Liùyuè
7월	8월	9월	10월	11월	12월
七月 Qīyuè	八月 Bāyuè	九月 Jiǔyuè	十月 Shíyuè	十一月 Shíyīyuè	十二月 Shí'èryuè

'일'을 나타낼 때는 구어에서는 '号 hào'를, 서면어에서는 '日 rì'를 사용한다.

二号 èr hào 2일 | 八号 bā hào 8일 | 十五号 shíwǔ hào 15일

二十四号 èrshísì hào 24일 | 三十一号 sānshíyī hào 31일

'요일'은 '星期 xīngqī', '周 zhōu', '礼拜 lǐbài' 뒤에 숫자를 붙여 표현하는데, 이 중 '星期'를 가장 많이 사용한다. 일요일은 '天 tiān'이나 '日 rì'를 붙여 나타낸다.

월요일	화요일	수요일	목요일	금요일	토요일	일요일
星期一 xīngqīyī	星期二 xīngqī'èr	星期三 xīngqīsān	星期四 xīngqīsì	星期五 xīngqīwǔ	星期六 xīngqīliù	星期天/星期日 xīngqītiān / xīngqīrì
周一 zhōuyī	周二 zhōu'èr	周三 zhōusān	周四 zhōusì	周五 zhōuwǔ	周六 zhōuliù	周日 zhōurì
礼拜一 lǐbàiyī	礼拜二 lǐbài'èr	礼拜三 lǐbàisān	礼拜四 lǐbàisì	礼拜五 lǐbàiwǔ	礼拜六 lǐbàiliù	礼拜天/礼拜日 lǐbàitiān / lǐbàirì

■ 과거-현재-미래 표현

	과거		현재	미래	
연	前年 qiánnián 재작년	去年 qùnián 작년	今年 jīnnián 올해	明年 míngnián 내년	后年 hòunián 내후년
월	上上个月 shàngshàng ge yuè 지지난달	上个月 shàng ge yuè 지난달	这个月 zhège yuè 이번 달	下个月 xià ge yuè 다음 달	下下个月 xiàxià ge yuè 다다음 달
주	上上个星期 shàngshàng ge xīngqī 지지난 주	上个星期 shàng ge xīngqī 지난주	这个星期 zhège xīngqī 이번 주	下个星期 xià ge xīngqī 다음 주	下下个星期 xiàxià ge xīngqī 다다음 주
일	前天 qiántiān 그저께	昨天 zuótiān 어제	今天 jīntiān 오늘	明天 míngtiān 내일	后天 hòutiān 모레

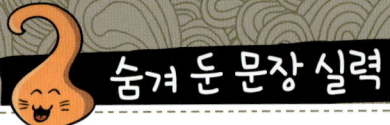

숨겨 둔 문장 실력

▶ 바꿔서 말해 보고, 이를 활용해 대화를 나눠 보세요.   🎧 11-04

하나 我北京人。

上海人 Shànghǎi rén 상하이 사람
东北人 Dōngběi rén 동북 사람
山东人 Shāndōng rén 산동 사람

> **실력 Up!**
> A 你哪儿人?
> B 我北京人。

둘 今天六月二十一号。

三月八号 Sānyuè bā hào 3월 8일
五月一号 Wǔyuè yī hào 5월 1일
九月十五号 Jiǔyuè shíwǔ hào 9월 15일

> A 今天几月几号?
> B 今天六月二十一号。

셋 我们星期六去看电影，怎么样?

星期一 xīngqīyī 월요일
星期四 xīngqīsì 목요일
星期天 xīngqītiān 일요일

> A 我们星期六去看电影, 怎么样?
> B 好啊!

단어 플러스

중국의 주요 도시

北京 Běijīng 베이징 | 上海 Shànghǎi 상하이 | 天津 Tiānjīn 톈진 | 重庆 Chóngqìng 충칭 | 沈阳 Shěnyáng 선양
广州 Guǎngzhōu 광저우 | 南京 Nánjīng 난징 | 武汉 Wǔhàn 우한 | 成都 Chéngdū 청두 | 西安 Xī'ān 시안
青岛 Qīngdǎo 칭다오

나만의 복습 다이어리

오늘은 명사술어문과 함께 일상생활에서 빠뜨릴 수 없는 년도, 월, 일, 요일을 배웠어. 명사술어문은 생각보다 간단하더라고. 부정형을 만들 때 반드시 '不是'를 써야 한다는 것만 주의하면 말이야. 오늘 배운 표현을 차근차근 복습해 볼까?

'나는 베이징 사람이에요.'라는 표현은 我北京人。 Wǒ Běijīng rén.

'오늘은 6월 21일이다.'라는 표현은 今天六月二十一号。 Jīntiān Liùyuè èrshíyī hào.

요일을 말할 때는 조심할 게 있는데, 우리는 '토요일'이라고 하지만 중국어로는 '요일토', 즉 '星期六 xīngqīliù'라고 하더라고. 요일에 숫자를 붙이다니 엉뚱하면서도 재미있지?

그런데 수업시간에 '오늘은 일요일이다'를 나도 모르게 그만 '今天是星期天。 Jīntiān shì xīngqītiān.'이라고 했지 뭐야. 틀린 줄 알고 긴장했는데, 선생님께서 이렇게 말하면 명사술어문이 아니라 동사술어문이 되는 거래. 왜인지 알겠지? 동사 '是'가 들어갔잖아.

그리고 '今天星期天。 Jīntiān xīngqītiān.'을 부정할 때는 '今天不星期天。'이 아니라 '今天不是星期天。 Jīntiān bú shì xīngqītiān.'이라고 해야 해.

이번 과는 어법보다 외워야 할 단어가 어마어마하게 많은 거 있지. 아무래도 주말의 달콤함은 포기해야 할 듯.

분석의 묘

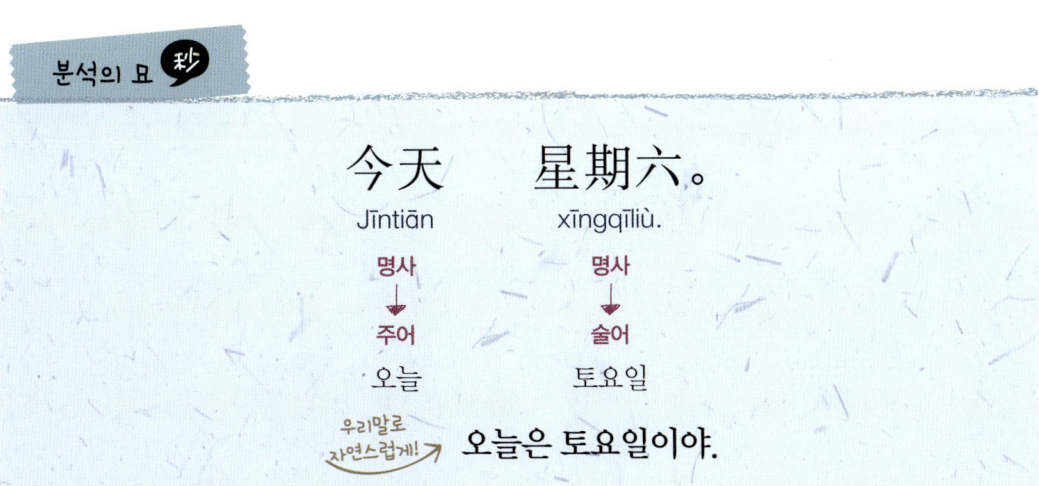

차근차근 실력 확인

1 잘 듣고 그림과 녹음 내용이 일치하면 O표, 일치하지 않으면 X표를 해 보세요. 🎧 11-05

❶ (　　　　)

❷ (　　　　)

❸ (　　　　)

❹ (　　　　)

2 '天'과 같은 성조를 가진 단어를 찾아 한자와 한어병음을 써 보세요.

| 吗 | 今 | 星 | 忙 | 时 |
| 期 | 才 | 电 | 间 | 几 |

❶ 한자 _____　한어병음 _____
❷ 한자 _____　한어병음 _____
❸ 한자 _____　한어병음 _____
❹ 한자 _____　한어병음 _____

3 대화가 완성될 수 있도록 문장을 알맞게 연결해 보세요.

① 今天星期几?
Jīntiān xīngqī jǐ?

② 你明天有时间吗?
Nǐ míngtiān yǒu shíjiān ma?

③ 你哪儿人?
Nǐ nǎr rén?

④ 我们星期六去看电影，怎么样?
Wǒmen xīngqīliù qù kàn diànyǐng, zěnmeyàng?

A 好啊!
Hǎo a!

B 今天星期天。
Jīntiān xīngqītiān.

C 我北京人。
Wǒ Běijīng rén.

D 我明天没有时间。
Wǒ míngtiān méiyǒu shíjiān.

4 한어병음을 참고하여 빈칸에 알맞은 한자를 쓰고, 문장 전체를 해석해 보세요.

① Jīntiān jǐ yuè jǐ hào?

| 今 | 天 | 几 | | 几 | | ? |

뜻 : _____?

② Nà nǐ shénme shíhou yǒu shíjiān?

| 那 | 你 | | | | 有 | 时 | 间 | ? |

뜻 : _____?

③ Wǒ xīngqīliù cái yǒu shíjiān.

| 我 | 星 | 期 | 六 | | 时 | 间 | 。 |

뜻 : _____.

④ Wǒ míngtiān méiyǒu shíjiān, wǒ hěn máng.

| 我 | 明 | 天 | 没 | 有 | 时 | 间 | , | | | 。 |

뜻 : _____.

발음·성조 클리닉

당시(唐诗)를 읽으며 발음과 성조를 연습해 보세요. 🎧 11-06

静夜思
jìng yè sī

李白(701~762년)

床前明月光,
Chuáng qián míng yuè guāng,

疑是地上霜。
yí shì dì shàng shuāng,

举头望明月,
Jǔ tóu wàng míng yuè,

低头思故乡。
dī tóu sī gù xiāng.

교교한 달빛 방안에 드리워
흰 서리가 내렸나 싶었네.
고개 들어 밝은 달을 바라보매,
고개 떨구어 고향을 그리워하네.

간체자와 친해지기

✏️ 획순을 참고해서 간체자를 따라 써 보세요.

北 běi
丨 丨 ㅓ ㅓ 北

京 jīng
丶 亠 亠 古 古 亨 京 京

今 jīn
丿 人 人 今

月 yuè
丿 几 月 月

时 shí
丨 冂 冃 日 旷 时 时

间 jiān
丶 丨 冂 门 间 间 间

电 diàn
丨 冂 冃 日 电

影 yǐng
丨 冂 冃 日 旦 早 早 昰 昱 景 景 景 影 影 影

중국문화 속으로 풍덩

이것만은 왠지 피하고 싶어!

살다 보면 준수해야 할 법칙도 많고 지켜야 할 규율도 많다. 또 거기에 하지 말아야 할 '금기'는 왜 그리 많은지. 금기는 법으로 정해진 것이 아니라 주로 민간에서 전해지는 것인데도 안 지키면 왠지 '큰일을 당할 것 같은' 묘한 구속력을 지니고 있어서 "아, 놔~"하며 뿌리치기가 힘들다. 그런데 이런 금기는 우리나라에만 있는 것이 아니라 중국에서 생활하다 보니 그곳에도 은근히 많았다.

중국의 금기 중 가장 대표적인 것으로는 연인들끼리 배를 나누어 먹지 않는 것인데, 그 이유는 '배를 나누다'라는 뜻의 '分梨 fēn lí'가 '헤어지다', '이별하다'라는 뜻의 '分离 fēnlí'와 발음이 같아 실제로 이별하게 된다고 믿기 때문이라고. 또 생선요리를 먹을 때는 생선을 뒤집지 않는데, 그 이유는 생선이 배(船 chuán)를 뜻해 이를 뒤집으면 배가 뒤집힌다는 불길한 의미를 갖고 있기 때문이란다.

언제 받아도 반가운 선물!! 그러나 선물로 주면 안 되는 것들이 있으니, 시계(钟表 zhōngbiǎo), 우산(伞 sǎn), 부채(扇 shàn) 그리고 컵(杯具 bēijù) 등은 선물 목록에서 제외시키는 것이 좋다. 왜냐고? 우선 '괘종시계를 선물하다(送钟 sòngzhōng)'는 '임종을 지키다(送终 sòngzhōng)'와 발음이 같아 마치 죽음을 재촉하는 것처럼 느껴지고, 우산과 부채는 그 발음이 '흩어지다'라는 뜻의 '散 sàn'과 비슷해 헤어짐을 뜻하게 되고, 컵은 그 발음이 '비극'이라는 뜻의 '悲剧 bēijù'와 비슷해 역시 불길하다는 것이다. '送终 sòngzhōng'과 관련해서는 이 발음과 같은 성씨, 즉 '송(宋)'씨와 '종(钟)'씨의 결혼을 꺼리는 경우도 있다고 하니, 쉽게 생각해 웃어넘길 일은 아닌 것 같다.

이 밖에 중국인들은 12년마다 돌아오는 '자신의 띠가 되는 해(本命年 běnmìngnián)'를 액운이 드는 해라 여겨, 이를 막기 위해 빨간색 속옷을 입거나 빨간색 벨트를 착용하기도 한다. 중국의 속옷 가게에 가 보면 빨간색 속옷이 빠지지 않고 진열되어 있는 것을 볼 수 있는데, 이것에 '액막이'라는 깊은 뜻이 담겨있었다니 재미있다. 혹자는 "그럼 남자들도 빨간 속옷을 입어요?"하고 질문하고 싶을 것 같은데, 대답은 '是的 shì de (맞습니다)'이다.

때로는 미신 같고 황당하게 느껴지는 금기들. '지금이 어느 시대인데!'라고 말할 수도 있겠지만 그 또한 중국 문화의 일부라 생각한다면 인정하고 따라 주는 것이 맞지 않을까? 적어도 우리가 중국어를 공부하고 그들과 같이 어떤 일을 도모하는 동안에는 말이다.

단어 실력 점프

1 주어진 뜻에 해당하는 단어를 한자로 써 보세요.

① ☐ 가다　② ☐ 있다　③ ☐☐ 오빠　④ ☐☐ 모두, 다

⑤ ☐☐ 지도　⑥ ☐☐☐ 출장가다　⑦ ☐☐ 옷　⑧ ☐☐☐ 자전거

⑨ ☐☐ 쉬다, 휴식하다　⑩ ☐☐ 시간　⑪ ☐☐ 회사　⑫ ☐☐☐ 일요일

2 알맞은 단어를 골라 빈칸에 써서 문장을 완성해 보세요.

> 几　口　星期　没有　非常

① 这件衣服_____好看。

② 你有_____本词典？

③ 今天_____六。

④ 我明天_____时间。

⑤ 我家有五_____人。

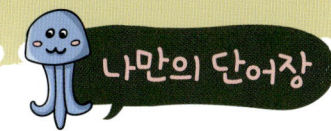

1 그림을 참고하여 빈칸에 가족 명칭이나 나라 이름과 관련된 단어를 써 보세요.

2 주어진 한자를 보고 한어병음을 알맞게 써 보세요.

① 电影 _____   ② 件 _____   ③ 和 _____

④ 非常 _____   ⑤ 周末 _____   ⑥ 星期 _____

⑦ 两 _____   ⑧ 独生女 _____   ⑨ 超市 _____

⑩ 好看 _____   ⑪ 漂亮 _____   ⑫ 怎么样 _____

⑬ 出差 _____   ⑭ 常常 _____   ⑮ 旅游 _____

12 복습   139

실력 테스트

1 다음 중 성조가 다른 하나는?

① 出差　② 今天

③ 时间　④ 星期

2 다음 중 '朋友'와 성조가 다른 단어는?

① 爷爷　② 常常

③ 什么　④ 学生

3 요일을 나타낸 표현 중 틀린 것은?

① 월요일 : 星期一

② 수요일 : 星期三

③ 금요일 : 星期五

④ 일요일 : 星期七

4 세 글자에 공통으로 들어 있는 운모는?

买　还　奶

① ai　② uan　③ ei　④ a

5 밑줄 친 부분에 들어갈 단어가 바르게 묶인 것은?

今天七月＿a＿号。

我有＿b＿个妹妹。

① a - 二　b - 二

② a - 两　b - 两

③ a - 两　b - 二

④ a - 二　b - 两

6 다음 중 형용사술어문이 아닌 것은?

① 我很好。

② 姐姐非常漂亮。

③ 这件衣服不好看。

④ 哥哥很喜欢。

7 '想'이 들어갈 알맞은 위치를 찾아 표시해 보세요.

A 我 B 在 C 家 D 休息。

8-9 빈칸에 들어갈 알맞은 양사를 고르세요.

8 我有一＿＿＿中国地图。

① 个　② 张　③ 件　④ 口

9 我家有四＿＿＿人。

① 本　② 个　③ 口　④ 件

10 다음 중 해석이 잘못된 것을 고르세요.

① 他去中国出差。

→ 그는 중국으로 출장을 간다.

② 我们星期六去看电影。

→ 우리는 토요일에 영화를 보러 간다.

③ 这件衣服怎么样?

→ 이 옷 어떻게 해요?

④ 我有一个弟弟。

→ 나는 남동생이 한 명 있어.

11-14 잘 듣고 녹음 내용과 일치하는 그림을 골라 보세요. 🎧 12-01

11 (   )   12 (   )

13 (   )   14 (   )

a

b

c

d

15 밑줄 친 부분에 들어갈 단어로 적당하지 않은 것은?

我姐姐有_____。

① 一本
② 一汉语词典
③ 汉语词典
④ 一本汉语词典

16 다음 문장 중 부정사의 쓰임이 잘못된 것은?

① 我不是独生女。
② 我没有弟弟。
③ 他不在这儿。
④ 姐姐没有好看。

17 다음 두 문장에서 '在'의 품사가 바르게 묶인 것은?

你的书包在这儿。
     a
我想在家休息。
   b

① a - 동사   b - 개사
② a - 동사   b - 동사
③ a - 개사   b - 동사
④ a - 개사   b - 개사

18 다음 중 정도부사가 아닌 것끼리 묶인 것은?

a 很	b 都	c 非常
d 特别	e 也	f 太

① a-c ② b-e ③ b-c ④ e-f

19 주어진 문장에 있는 '号'와 바꿔 쓸 수 있는 것은?

今天六月二十一号。

① 天 ② 星 ③ 周 ④ 日

20 빈칸에 공통으로 들어갈 단어는?

我家_____四口人。
我_____一个弟弟。

① 是 ② 在 ③ 有 ④ 做

21 밑줄 친 부분을 중국어로 바르게 옮긴 것은?

A 你明天有时间吗?
B 我明天没有时间，<u>나는 바빠</u>。

① 我也忙 ② 我很忙
③ 我有忙 ④ 我想忙

22-25 주어진 단어를 어순에 맞게 배열해 보세요.

22 我　三　有　汉语词典　本

_____。

23 这　衣服　件　好看　不

_____。

24 爸爸　不太　公司　的　大

_____。

25 他们　都　是　韩国人　吗

_____?

26-29 주어진 한자를 사용해 작문해 보세요.

26 우리 아빠는 자주 출장 가셔. (常常，出差)

_____?

27 우리 집은 네 식구야. (口)

_____。

28 나는 중국 지도를 두 장 갖고 있어. (两张)

_____。

29 오늘은 몇 월 며칠이니? (几)

_____。

1-6 그림의 상황을 참고하여 어울리는 대화를 완성해 보세요.

1

A 你姐姐聪明_____？
B 我姐姐_____聪明。

2

A 你_____几_____汉语词典？
B 我_____两_____汉语词典。

3

A 你_____超市_____点儿什么？
B 我去那儿_____点儿吃_____。

4

A 今天几_____几_____？
B 今天三_____八_____。

5

A 你爸爸去_____出差？
B 我爸爸去_____出差。

6

A 你家有几_____人？
B 我家有_____。

도전! 중국 노래 🎵

月亮代表我的心
yuèliang dàibiǎo wǒ de xīn

邓丽君 Dèng Lìjūn

你问我爱你有多深，我爱你有几分
Nǐ wèn wǒ ài nǐ yǒu duō shēn, wǒ ài nǐ yǒu jǐ fēn

我的情也真，我的爱也真
Wǒ de qíng yě zhēn, wǒ de ài yě zhēn

月亮代表我的心
Yuèliang dàibiǎo wǒ de xīn

你问我爱你有多深，我爱你有几分
Nǐ wèn wǒ ài nǐ yǒu duō shēn, wǒ ài nǐ yǒu jǐ fēn

我的情不移，我的爱不变
Wǒ de qíng bù yí, wǒ de ài bú biàn

月亮代表我的心
Yuèliang dàibiǎo wǒ de xīn

轻轻的一个吻，已经打动我的心
Qīngqīngde(di) yíge wěn, yǐjing dǎdòng wǒ de xīn

深深的一段情，叫我思念到如今
Shēnshēnde(di) yíduàn qíng, jiào wǒ sīniàn dào rújīn

你问我爱你有多深，我爱你有几分
Nǐ wèn wǒ ài nǐ yǒu duō shēn, wǒ ài nǐ yǒu jǐ fēn

你去想一想，你去看一看
Nǐ qù xiǎng yi xiǎng, nǐ qù kàn yi kàn

月亮代表我的心
Yuèliang dàibiǎo wǒ de xīn

당신은 내가 당신을 얼마나 사랑하는지, 내 사랑이 얼마나 깊은지 물으시네요.
내 마음도, 내 사랑도 진실이랍니다.
달님이 내 마음을 대신하지요.
당신은 내가 당신을 얼마나 사랑하는지, 내 사랑이 얼마나 깊은지 물으시네요.
내 마음도, 내 사랑도 늘 변함없답니다.
달님이 내 마음을 대신하지요.
가벼운 입맞춤은 나를 떨리게 했고,
당신에 대한 깊은 사랑은 여전히 당신을 그립게 만드네요.
당신은 내가 당신을 얼마나 사랑하는지, 내 사랑이 얼마나 깊은지 물으시네요.
부디 나의 마음을 헤아려 보아요.
달님이 내 마음을 대신하지요.

- 본문 해석
- 정답 및 녹음 대본
- 발음·성조 클리닉 step 3 잰말놀이 한자
- 단어 색인
- 한어병음 자모 배합표

본문 해석

03 안녕하세요!

상황 1 첫인사는 공손하게

학 생 안녕하세요!
장금희 안녕!

상황 2 이름 묻기 전에 성씨부터 먼저

이 사장 성씨가 어떻게 되세요?
김태산 저는 김씨입니다. 당신은 성씨가 어떻게 되세요?
이 사장 저는 이씨입니다.

상황 3 친절하게 내 이름을 소개해 보자.

민 준 네 이름은 뭐니?
송 이 내 이름은 김송이야.
민 준 그녀 이름은 무엇이니?
송 이 그녀는 황전주라고 해.

04 저는 한국인이에요.

상황 1 국적을 확인해 볼까요?

김태산 당신은 어느 나라 사람인가요?
이 사장 저는 중국인입니다. 당신도 중국인인가요?
김태산 저는 중국인이 아니고, 한국인입니다.

상황 2 누구인지 궁금할 때는 이렇게 물어 봐!

칭 칭 그녀는 누구니?
낙 천 그녀는 우리 누나야.

상황 3 우리 가족의 직업이 궁금하니?

민 준 너의 아버지는 무슨 일을 하시니?
송 이 우리 아빠는 사장님이셔.
민 준 어머니는 무슨 일을 하셔?
송 이 엄마는 선생님이셔.
민 준 네 남동생은 대학생이니?
송 이 아니, 남동생은 고등학생이야.

05 이것은 휴대전화야.

상황 1 이것은 무엇일까?

칭 칭 이것은 무엇이니?
낙 천 이것은 휴대전화야.

상황 2 그건 내 거야~

민 준 그것은 무엇이니?
송 이 그것은 중국어책이야.
민 준 그것은 누구의 중국어책이니?
송 이 그것은 내 중국어책이야.

상황 3 내 물건에는 발이 달렸나?

낙 천 엄마, 제 책가방 어디 있어요?
장금희 네 책가방은 저쪽에 있어.
송 이 엄마, 제 지갑은요?
장금희 여기 있네.
김태산 그럼 내 신용카드는?
장금희 나한테 있어요.

07 나는 자전거가 있어.

상황 1 내가 가지고 있는 물건 중 보물 1호는?

칭 칭 너는 자전거가 있니?
낙 천 나는 자전거가 있어.

상황 2 애인과 남자친구 사이

전 주 너 남자친구 있어?
송 이 남자친구는 없고, 그냥 남자인 친구는 있어.

상황 3 내가 몇 개 가지고 있는지 알려줄게!

민 준 너는 중국어 사전을 몇 권 가지고 있어?
송 이 나는 중국어 사전을 두 권 가지고 있어.
민 준 너 중국어 잡지도 갖고 있니?
송 이 중국어 잡지는 없는데.
민 준 그럼 중국 지도는?
송 이 나는 중국 지도 한 장이 있어.

08 우리 집은 네 식구야.

상황 1 형제자매가 있니?

칭 칭   너는 형이 있니?
낙 천   나는 형은 없고, 누나는 있어.

상황 2 난 외동딸인데 넌?

송 이   너는 형제자매가 있니?
전 주   아니, 나는 외동딸이야. 너는?
송 이   나는 남동생이 하나 있어.

상황 3 우리 식구를 소개할게요.

민 준   너희 집은 식구가 몇 명이니?
송 이   우리 집은 네 식구야.
민 준   누구누구 있는데?
송 이   우리 가족은 아빠, 엄마, 남동생과 나야.

09 우리 누나는 예뻐.

상황 1 누난 너무 예뻐~

칭 칭   너의 누나는 예쁘니?
낙 천   우리 누나는 예뻐.

상황 2 옷에 대해 한 마디

김태산   이 옷은 어때요?
장금희   이 옷은 안 예쁜데요.
김태산   저 옷은요?
장금희   저 옷은 아주 예쁘네요.

상황 3 우리 아빠 회사는 말이야~

민 준   너의 아버지 회사는 크니?
송 이   우리 아빠 회사는 별로 크지 않아.
민 준   직원은 많아?
송 이   많지 않아. 15명이야.
민 준   그들은 모두 한국인이니?
송 이   아니. 외국인도 있어.

10 아빠는 출장을 가셔.

상황 1 이번 주말에는 무엇을 할까?

민 준   이번 주말에 너는 무엇을 하니?
송 이   나는 여행을 가고 싶어. 너는?
민 준   나는 집에서 쉬고 싶어.

상황 2 아빠는 어디로 출장을 가실까요?

칭 칭   너의 아버지는 자주 출장을 가시니?
낙 천   우리 아빠는 자주 출장을 가셔.
칭 칭   너의 아버지는 어디로 출장을 가시니?
낙 천   아빠는 중국으로 출장 가셔.

상황 3 마트로 Go~ Go~

민 준   어디 가세요?
장금희   마트에 가.
민 준   마트 가서 뭐 사시려고요?
장금희   마트 가서 먹을 것 좀 사려고.
민 준   또 무엇을 사시려고요?
장금희   음료를 약간 사려고.

11 오늘은 토요일이에요.

상황 1 출신 묻기

김태산   당신은 고향이 어디인가요?
이 사장   저는 베이징 사람입니다.

상황 2 오늘은 몇 월 며칠, 무슨 요일?

칭 칭   오늘은 몇 월 며칠이니?
낙 천   오늘은 6월 8일이야.
칭 칭   무슨 요일인데?
낙 천   일요일이야.

상황 3 토요일에는 좋은 사람과 약속을~

민 준   너 내일 시간 있어?
송 이   나는 내일 시간이 없어. 바빠.
민 준   그럼 너 언제 시간이 있는데?
송 이   나는 토요일이나 되어야 시간이 있어.
민 준   우리 토요일에 영화 보러 가는 거 어때?
송 이   좋아!

정답 및 녹음 대본

01 성모와 운모

실력 테스트

1. ① zhi ② se ③ ju ④ ke ⑤ zhan ⑥ sai ⑦ che ⑧ bao ⑨ cuo

2. ① ju ② xi ③ quan ④ zou ⑤ song ⑥ cao ⑦ kuan ⑧ bei ⑨ gui

3. ① zuo ② dui ③ shu ④ ni ⑤ zhong ⑥ peng ⑦ xing ⑧ ren ⑨ ma ⑩ che ⑪ qian ⑫ ka

4. ① di ② tu ③ xin ④ guo ⑤ zai ⑥ ne ⑦ ma ⑧ bao ⑨ zei ⑩ han ⑪ ken ⑫ mou

5. ① duan ② lüe ③ qu ④ nü ⑤ xun ⑥ qun ⑦ xue ⑧ yu ⑨ nüe ⑩ shun ⑪ yue ⑫ lü

6. ① yuan ② wan ③ wen ④ yu ⑤ yun ⑥ wa ⑦ yue ⑧ wu ⑨ yi ⑩ wei ⑪ wang ⑫ wo

7. ① tui ② diu ③ zun ④ qiu ⑤ chun ⑥ liu ⑦ kun ⑧ hui ⑨ gun ⑩ zhui ⑪ jiu ⑫ xiu

8. ① dui ② hao ③ you ④ xie ⑤ jun ⑥ ying ⑦ zhan ⑧ chi ⑨ yu

02 성조

실력 테스트

1. ① qù ② xiū ③ guì ④ jǐ ⑤ chī ⑥ zǒu ⑦ péng ⑧ zhàn ⑨ yǎn

2. ① jiàn ② cóng ③ xué ④ yuǎn ⑤ men ⑥ gào ⑦ shài ⑧ shāo

3. ① Hànyǔ ② xuéxiào ③ lǎoshī ④ gōngsī ⑤ dàxué ⑥ gēge ⑦ jiějie ⑧ píjiǔ ⑨ qiánbāo ⑩ jiéhūn ⑪ kělè ⑫ tóngshì ⑬ yóujú ⑭ miànbāo ⑮ bàozhǐ

4. ① běnzi ② chènyī ③ tóngzhì ④ xiāoxi ⑤ yīshēng ⑥ zázhì ⑦ nánshēng ⑧ píngfǎn ⑨ qīzhōng

5. ① qù ② shì ③ yǒu ④ zài ⑤ chī ⑥ hē ⑦ míngtiān ⑧ Zhōngguó ⑨ diànyǐng ⑩ māma ⑪ zǒngjīnglǐ ⑫ dúshēngnǚ

6. ① Wǒ yǒu dìdi.
   ② Zhè shì shǒujī.
   ③ Nà shì wǒ de shū.
   ④ Wǒ jiā yǒu sì kǒu rén.

148

03 您好!

차근차근 실력 확인

1 ① O   ② X   ③ X   ④ O

녹음 대본

① 我姓李。
   Wǒ xìng Lǐ.

② 你好!
   Nǐ hǎo!

③ 她叫黄珍珠。
   Tā jiào Huáng Zhēnzhū.

④ 我叫金松怡。
   Wǒ jiào Jīn Sōngyí.

2 ① 한자 王   한어병음 Wáng
   ② 한자 名   한어병음 míng
   ③ 한자 什   한어병음 shén
   ④ 한자 黄   한어병음 Huáng

3 ① C   ② D   ③ A   ④ B

4 ① 你好!
   안녕! / 안녕하세요!

   ② 我姓李。
   저는 이씨입니다.

   ③ 你叫什么名字?
   네 이름은 무엇이니?

   ④ 她叫黄珍珠。
   그녀 이름은 황전주입니다.

04 我是韩国人。

차근차근 실력 확인

1 ① X   ② O   ③ X   ④ O

녹음 대본

① 她是我姐姐。
   Tā shì wǒ jiějie.

② 我妈妈是老师。
   Wǒ māma shì lǎoshī.

③ 我不是中国人。
   Wǒ bú shì Zhōngguó rén.

④ 我爸爸是总经理。
   Wǒ bàba shì zǒngjīnglǐ.

2 ① 한자 哪   한어병음 nǎ
   ② 한자 姐   한어병음 jiě
   ③ 한자 也   한어병음 yě
   ④ 한자 老   한어병음 lǎo

3 ① D   ② C   ③ B   ④ A

4 ① 我是韩国人。
   저는 한국인입니다.

   ② 你妈妈做什么工作?
   너희 어머니는 무슨 일을 하셔?

   ③ 他不是大学生，是高中生。
   그는 대학생이 아니라 고등학생이야.

   ④ 她是老师。
   그녀는 선생님입니다.

05 这是手机。

차근차근 실력 확인

1 ① O   ② X   ③ X   ④ O

녹음 대본

① 妈妈，我的钱包呢?
   Māma, wǒ de qiánbāo ne?

② 这是手机。
   Zhè shì shǒujī.

③ 那是我的汉语书。
   Nà shì wǒ de Hànyǔ shū.

④ 我的书包在哪儿?
   Wǒ de shūbāo zài nǎr?

2 ① 한자 那   한어병음 nà
   ② 한자 汉   한어병음 hàn
   ③ 한자 看   한어병음 kàn
   ④ 한자 在   한어병음 zài

3 ① D   ② A   ③ B   ④ C

4 ① 这是什么?
      이것은 무엇인가요?
   ② 那是汉语书。
      저것은 중국어책입니다.
   ③ 我的书包呢?
      내 책가방은요?
   ④ 它在我这儿。
      그것은 나한테 있어요.

06 复习

단어 실력 점프

1 ① 什么   ② 名字   ③ 韩国   ④ 吗
   ⑤ 叫   ⑥ 这   ⑦ 谁   ⑧ 的
   ⑨ 汉语   ⑩ 是   ⑪ 老师   ⑫ 她

2 ① 你叫什么名字?
   ② 那是什么?
   ③ 这是我的手机。
   ④ 我也是韩国人。
   ⑤ 你好!

나만의 단어장

1 ① 司机   ② 美发师   ③ 警察
   ④ 老师   ⑤ 电脑   ⑥ 书
   ⑦ 铅笔   ⑧ 本子   ⑨ 台灯

2 ① jiějie   ② dàxuéshēng   ③ Hánguó
   ④ nǎ   ⑤ shéi   ⑥ Hànyǔ
   ⑦ bàba   ⑧ gōngzuò   ⑨ hǎo
   ⑩ míngzi   ⑪ shénme   ⑫ shǒujī
   ⑬ nín   ⑭ xìnyòngkǎ   ⑮ shūbāo

실력 테스트

1 ④   2 ②   3 ③
4 ④   5 ②   6 ①
7 ④   8 ③   9 ④
10 ②   11 b   12 c
13 a   14 d   15 ③
16 ②   17 ④   18 ①
19 ③   20 ②   21 ②

22 那是什么？

23 这是我的汉语书。

24 你也是中国人吗？

25 你的书包在我这儿。

26 他是谁？

27 我弟弟不是大学生。

28 你妈妈做什么工作？

29 那是姐姐的汉语书。

녹음 대본 (11-14)

11 我不是中国人，我是韩国人。
Wǒ bú shì Zhōngguó rén, wǒ shì Hánguó rén.

12 我叫金松怡。
Wǒ jiào Jīn Sōngyí.

13 你的钱包在这儿。
Nǐ de qiánbāo zài zhèr.

14 我妈妈是老师。
Wǒ māma shì lǎoshī.

대화문 완성

1 A 您贵姓？
　B 我姓李。

2 A 你是哪国人？
　B 我是中国人。

3 A 这是什么？
　B 这是手机。

4 A 我的书包在哪儿？
　B 你的书包在我这儿。

5 A 你叫什么名字？
　B 我叫金松怡。

6 A 你爸爸做什么工作？
　B 我爸爸是总经理。

07 我有自行车。

차근차근 실력 확인

1 ① X　② O　③ O　④ X

녹음 대본

① 我没有裙子。
Wǒ méiyǒu qúnzi.

② 我有三本汉语词典。
Wǒ yǒu sān běn Hànyǔ cídiǎn.

③ 我有自行车。
Wǒ yǒu zìxíngchē.

④ 我有一张地图。
Wǒ yǒu yì zhāng dìtú.

2 ① 한자 中　　한어병음 zhōng
　② 한자 张　　한어병음 zhāng
　③ 한자 一　　한어병음 yī
　④ 한자 三　　한어병음 sān

3 ① D　② A　③ B　④ C

4 ① 你也有中文杂志吗？
　너는 중국어 잡지도 가지고 있니?

② 我有男的朋友。
나는 남자인 친구가 있어요.

③ 我有三本汉语词典。
나는 중국어 사전 세 권이 있어요.

④ 我有一张中国地图。
저는 중국 지도 한 장을 가지고 있어요.

08 我家有四口人。

차근차근 실력 확인

1 ① O   ② O   ③ X   ④ X

녹음 대본

① 我有姐姐。
  Wǒ yǒu jiějie.

② 我家有四口人。
  Wǒ jiā yǒu sì kǒu rén.

③ 我有一个弟弟。
  Wǒ yǒu yí ge dìdi.

④ 我家有六口人。
  Wǒ jiā yǒu liù kǒu rén.

2 ① 한자 呢   한어병음 ne
   ② 한자 么   한어병음 me
   ③ 한자 们   한어병음 men

3 ① B   ② D   ③ A   ④ C

4 ① 我没有哥哥，有姐姐。
   나는 형은 없고, 누나가 있어요.

   ② 我是独生女，你呢?
   나는 외동딸이야. 너는?

   ③ 我家有四口人。
   우리 집은 네 식구야.

   ④ 我家有爸爸、妈妈、弟弟和我。
   우리 식구는 아빠, 엄마, 남동생 그리고 나야.

09 我姐姐很漂亮。

차근차근 실력 확인

1 ① X   ② O   ③ X   ④ O

녹음 대본

① 我姐姐很聪明。
  Wǒ jiějie hěn cōngming.

② 那件非常好看。
  Nà jiàn fēicháng hǎokàn.

③ 爸爸的公司不太大。
  Bàba de gōngsī bú tài dà.

④ 爸爸的公司有外国人。
  Bàba de gōngsī yǒu wàiguórén.

2 ① 한자 太   한어병음 tài
   ② 한자 件   한어병음 jiàn
   ③ 한자 外   한어병음 wài
   ④ 한자 漂   한어병음 piào

3 ① D   ② C   ③ A   ④ B

4 ① 我姐姐很漂亮。
   우리 언니는 예뻐요.

   ② 这件衣服不好看。
   이 옷은 별로 예쁘지 않아요.

   ③ 他们都是韩国人吗?
   그들은 모두 한국인인가요?

   ④ 我爸爸的公司不太大。
   우리 아빠 회사는 별로 크지 않아요.

⑩ 爸爸去出差。

차근차근 실력 확인

1 ① O ② X ③ O ④ X

녹음 대본

① 我想在家休息。
Wǒ xiǎng zài jiā xiūxi.

② 我爸爸去中国出差。
Wǒ bàba qù Zhōngguó chūchāi.

③ 我去超市。
Wǒ qù chāoshì.

④ 我去那儿买点儿吃的。
Wǒ qù nàr mǎi diǎnr chī de.

2 ① 한자 想   한어병음 xiǎng
   ② 한자 点   한어병음 diǎn
   ③ 한자 饮   한어병음 yǐn
   ④ 한자 哪   한어병음 nǎ

3 ① B ② A ③ D ④ C

4 ① 我想在家休息。
   나는 집에서 쉬고 싶어요.

   ② 你爸爸去哪儿出差?
   너의 아버지는 어디로 출장을 가시니?

   ③ 我去那儿买点儿吃的。
   나는 거기에 가서 먹을 것을 좀 살 거야.

   ④ 他去中国出差。
   그는 중국으로 출장을 가요.

⑪ 今天星期六。

차근차근 실력 확인

1 ① X ② O ③ X ④ O

녹음 대본

① 今天十一月二十一号。
Jīntiān Shíyīyuè èrshíyī hào.

② 我星期六才有时间。
Wǒ xīngqīliù cái yóu shíjiān.

③ 我北京人。
Wǒ Běijīng rén.

④ 今天星期天。
Jīntiān xīngqītiān.

2 ① 한자 今   한어병음 jīn
   ② 한자 星   한어병음 xīng
   ③ 한자 期   한어병음 qī
   ④ 한자 间   한어병음 jiān

3 ① B ② D ③ C ④ A

4 ① 今天几月几号?
   오늘은 몇 월 며칠이니?

   ② 那你什么时候有时间?
   그럼 너는 언제 시간이 있어?

   ③ 我星期六才有时间。
   나는 토요일이나 되어야 시간이 있어.

   ④ 我明天没有时间, 我很忙。
   나는 내일 시간이 없어. 바빠.

12 复习

단어 실력 점프

1. ① 去　② 有　③ 哥哥　④ 都
   ⑤ 地图　⑥ 出差　⑦ 衣服　⑧ 自行车
   ⑨ 休息　⑩ 时间　⑪ 公司　⑫ 星期天

2. ① 这件衣服非常好看。
   ② 你有几本词典？
   ③ 今天星期六。
   ④ 我明天没有时间。
   ⑤ 我家有五口人。

나만의 단어장

1. ① 法国　② 中国　③ 爸爸
   ④ 韩国　⑤ 爷爷　⑥ 日本
   ⑦ 奶奶　⑧ 美国　⑨ 妈妈

2. ① diànyǐng　② jiàn　③ hé
   ④ fēicháng　⑤ zhōumò　⑥ xīngqī
   ⑦ liǎng　⑧ dúshēngnǚ　⑨ chāoshì
   ⑩ hǎokàn　⑪ piàoliang　⑫ zěnmeyàng
   ⑬ chūchāi　⑭ chángcháng　⑮ lǚyóu

실력 테스트

1 ③	2 ②	3 ④
4 ①	5 ④	6 ④
7 B	8 ②	9 ③
10 ③	11 d	12 b
13 a	14 c	15 ③
16 ④	17 ①	18 ②
19 ④	20 ③	21 ②

22 我有三本汉语词典。
23 这件衣服不好看。
24 爸爸的公司不太大。
25 他们都是韩国人吗？
26 我爸爸常常去出差。
27 我家有四口人。
28 我有两张中国地图。
29 今天几月几号？

녹음 대본 (11–14)

11 我去超市。
   Wǒ qù chāoshì.

12 我家有五口人。
   Wǒ jiā yǒu wǔ kǒu rén.

13 我有三本汉语词典。
   Wǒ yǒu sān běn Hànyǔ cídiǎn.

14 那件衣服非常好看。
   Nà jiàn yīfu fēicháng hǎokàn.

대화문 완성

1. A 你姐姐聪明吗？
   B 我姐姐很聪明。

2. A 你有几本汉语词典？
   B 我有两本汉语词典。

3. A 你去超市买点儿什么？
   B 我去那儿买点儿吃的。

4. A 今天几月几号？
   B 今天三月八号。

5. A 你爸爸去哪儿出差？
   B 我爸爸去美国出差。

6. A 你家有几口人？
   B 我家有四口人。

발음·성조 클리닉

step 3 잰말놀이 연습 한자

42p 八百标兵奔北坡，
北坡炮兵并排跑。

54p 大兔子，大肚子，大肚子的大兔子，
要咬大兔子的大肚子。

66p 哥挎瓜筐过宽沟，
赶快过沟看怪狗。

86p 七巷漆匠用了西巷锡匠的锡，
西巷锡匠拿了七巷漆匠的漆。

98p 大车拉小车，小车拉小石头，
石头掉下来，砸了小脚指头。

110p 司机买雌鸡，仔细看雌鸡，
四只小雌鸡，叽叽好欢喜，
司机笑嘻嘻。

122p 小哥儿俩，红脸蛋儿，手拉手儿，一块儿玩儿。
小哥儿俩，一个班儿，一路上学唱着歌儿。

단어 색인

단어	한어병음	페이지(해당 과)

A
| 啊 | a | 127(11) |

B
八	bā	126(11)
爸爸	bàba	47(4)
北京人	Běijīng rén	126(11)
本	běn	79(7)
不	bù	46(4)
不太	bú tài	103(9)

C
才	cái	127(11)
常常	chángcháng	114(10)
超市	chāoshì	115(10)
吃	chī	115(10)
出差	chūchāi	114(10)
词典	cídiǎn	79(7)

D
大	dà	103(9)
大学生	dàxuéshēng	47(4)
的	de	58(5)
地图	dìtú	79(7)
弟弟	dìdi	47(4)
点儿	diǎnr	115(10)
电影	diànyǐng	127(11)
都	dōu	103(9)
独生女	dúshēngnǚ	90(8)
多	duō	103(9)

F
| 非常 | fēicháng | 102(9) |

G
高中生	gāozhōngshēng	47(4)
哥哥	gēge	90(8)
个	gè	90(8)
工作	gōngzuò	47(4)
公司	gōngsī	103(9)
贵姓	guìxìng	34(3)
国	guó	46(4)

H
还	hái	115(10)
韩国	Hánguó	46(4)
汉语	Hànyǔ	58(5)
好	hǎo	34(3)
好看	hǎokàn	102(9)
号	hào	126(11)
和	hé	91(8)
很	hěn	102(9)

J
几	jǐ	79(7)
今天	jīntiān	126(11)
金	Jīn	34(3)
家	jiā	91(8)
件	jiàn	102(9)
叫	jiào	35(3)
姐姐	jiějie	46(4)

K
| 看 | kàn | 127(11) |
| 口 | kǒu | 91(8) |

L
老师	lǎoshī	47(4)
李	Lǐ	34(3)
两	liǎng	79(7)
六	liù	126(11)
旅游	lǚyóu	114(10)

M
妈妈	māma	47(4)
吗	ma	46(4)
买	mǎi	115(10)
忙	máng	127(11)
没有	méiyǒu	78(7)
免贵	miǎnguì	34(3)
名字	míngzi	35(3)
明天	míngtiān	127(11)

N
哪	nǎ	46(4)
哪儿	nǎr	59(5)
那	nà	58(5), 59(5)
那儿	nàr	59(5)

男 nán	78(7)	姓 xìng	34(3)
男朋友 nánpéngyou	78(7)	休息 xiūxi	114(10)
男的朋友 nán de péngyou	78(7)		
呢 ne	59(5)	**Y**	
你 nǐ	34(3)	也 yě	46(4)
您 nín	34(3)	一 yī	79(7)
		衣服 yīfu	102(9)
P		饮料 yǐnliào	115(10)
朋友 péngyou	78(7)	有 yǒu	78(7)
漂亮 piàoliang	102(9)	员工 yuángōng	103(9)
		月 yuè	126(11)
Q			
钱包 qiánbāo	59(5)	**Z**	
去 qù	114(10)	杂志 zázhì	79(7)
		在 zài	59(5), 114(10)
R		怎么样 zěnmeyàng	102(9)
人 rén	46(4)	张 zhāng	79(7)
		中国 Zhōngguó	46(4)
S		这 zhè	58(5)
谁 shéi	46(4)	这儿 zhèr	59(5)
什么 shénme	35(3)	这个 zhège	114(10)
什么时候 shénme shíhou	127(11)	中文 Zhōngwén	79(7)
十五 shíwǔ	103(9)	周末 zhōumò	114(10)
时间 shíjiān	127(11)	自行车 zìxíngchē	78(7)
是 shì	46(4)	总经理 zǒngjīnglǐ	47(4)
手机 shǒujī	58(5)	做 zuò	47(4)
书 shū	58(5)		
书包 shūbāo	59(5)		
四 sì	91(8)		
T			
他们 tāmen	103(9)		
她 tā	35(3)		
W			
外国人 wàiguórén	103(9)		
我 wǒ	34(3)		
X			
信用卡 xìnyòngkǎ	59(5)		
想 xiǎng	114(10)		
些 xiē	115(10)		
兄弟姐妹 xiōngdìjiěmèi	90(8)		
星期 xīngqī	126(11)		
星期六 xīngqīliù	127(11)		
星期天 xīngqītiān	126(11)		

한어병음 자모 배합표

	a	o	e	-i	u	ü	ao	ai	an	ang	ou	ong	ei	en	eng	er	i	ia
b	ba	bo			bu		bao	bai	ban	bang			bei	ben	beng		bi	
p	pa	po			pu		pao	pai	pan	pang	pou		pei	pen	peng		pi	
m	ma	mo	me		mu		mao	mai	man	mang	mou		mei	men	meng		mi	
f	fa	fo			fu				fan	fang	fou		fei	fen	feng			
d	da		de		du		dao	dai	dan	dang	dou	dong	dei	den	deng		di	
t	ta		te		tu		tao	tai	tan	tang	tou	tong			teng		ti	
n	na		ne		nu	nü	nao	nai	nan	nang	nou	nong	nei	nen	neng		ni	
l	la		le		lu	lü	lao	lai	lan	lang	lou	long	lei		leng		li	lia
z	za		ze	zi	zu		zao	zai	zan	zang	zou	zong	zei	zen	zeng			
c	ca		ce	ci	cu		cao	cai	can	cang	cou	cong		cen	ceng			
s	sa		se	si	su		sao	sai	san	sang	sou	song		sen	seng			
zh	zha		zhe	zhi	zhu		zhao	zhai	zhan	zhang	zhou	zhong	zhei	zhen	zheng			
ch	cha		che	chi	chu		chao	chai	chan	chang	chou	chong		chen	cheng			
sh	sha		she	shi	shu		shao	shai	shan	shang	shou		shei	shen	sheng			
r			re	ri	ru		rao		ran	rang	rou	rong		ren	reng			
j					ju												ji	jia
q					qu												qi	qia
x					xu												xi	xia
g	ga		ge		gu		gao	gai	gan	gang	gou	gong	gei	gen	geng			
k	ka		ke		ku		kao	kai	kan	kang	kou	kong	kei	ken	keng			
h	ha		he		hu		hao	hai	han	hang	hou	hong	hei	hen	heng			
	a	o	e		wu	yu	ao	ai	an	ang	ou		ei	en	eng	er	yi	ya

ie	iao	iou	ian	iang	iong	in	ing	ua	uo	uai	uan	uang	uei	uen	ueng	üe	üan	ün
bie	biao		bian			bin	bing											
pie	piao		pian			pin	ping											
mie	miao	miu	mian			min	ming											
die	diao	diu	dian				ding		duo		duan		dui	dun				
tie	tiao		tian				ting		tuo		tuan		tui	tun				
nie	niao	niu	nian	niang		nin	ning		nuo		nuan					nüe		
lie	liao	liu	lian	liang		lin	ling		luo		luan			lun		lüe		
									zuo		zuan		zui	zun				
									cuo		cuan		cui	cun				
									suo		suan		sui	sun				
								zhua	zhuo	zhuai	zhuan	zhuang	zhui	zhun				
								chua	chuo	chuai	chuan	chuang	chui	chun				
								shua	shuo	shuai	shuan	shuang	shui	shun				
								rua	ruo		ruan		rui	run				
jie	jiao	jiu	jian	jiang	jiong	jin	jing									jue	juan	jun
qie	qiao	qiu	qian	qiang	qiong	qin	qing									que	quan	qun
xie	xiao	xiu	xian	xiang	xiong	xin	xing									xue	xuan	xun
								gua	guo	guai	guan	guang	gui	gun				
								kua	kuo	kuai	kuan	kuang	kui	kun				
								hua	huo	huai	huan	huang	hui	hun				
ye	yao	you	yan	yang	yong	yin	ying	wa	wo	wai	wan	wang	wei	wen	weng	yue	yuan	yun

* 가장 아래쪽에 있는 음절들은 해당 음절이 단독으로 쓰일 때의 표기법입니다.
감탄사에 나오는 음절들(ng, hng 등)은 생략하였습니다.

다락원 홈페이지에서 MP3 파일
다운로드 및 실시간 재생

지은이 한민이
펴낸이 정규도
펴낸곳 (주)다락원

초판 1쇄 발행 2016년 7월 22일
초판 6쇄 발행 2024년 9월 18일

기획·편집 김혜민, 이상윤
디자인 조화연, 임미영
일러스트 조영남
녹음 曹红梅, 于海峰, 허강원

다락원 경기도 파주시 문발로 211
전화: (02)736-2031 (내선 250~252 / 내선 430, 431)
팩스: (02)732-2037
출판등록 1977년 9월 16일 제406-2008-000007호

Copyright ⓒ 2016, 한민이

저자 및 출판사의 허락 없이 이 책의 일부 또는 전부를 무단 복제·전재·발췌할 수 없습니다. 구입 후 철회는 회사 내규에 부합하는 경우에 가능하므로 구입처에 문의하시기 바랍니다. 분실·파손 등에 따른 소비자 피해에 대해서는 공정거래위원회에서 고시한 소비자 분쟁 해결 기준에 따라 보상 가능합니다. 잘못된 책은 바꿔 드립니다.

ISBN 978-89-277-2187-1 18720
     978-89-277-2186-4 (set)

www.darakwon.co.kr
다락원 홈페이지를 방문하시면 상세한 출판 정보와 함께 동영상 강좌, MP3 자료 등 다양한 어학 정보를 얻으실 수 있습니다.